Latinum für Studenten

Christoph Kuhn

Latinum für Studenten

Begleitband zum Lehr- und Übungsbuch mit Lösungen und Tabellen,
Stichwortverzeichnis und Bonusmaterial

Schmetterling Verlag

Bibliografische Informationen Der Deutschen Nationalbibliothek
Die Deutsche Nationalbibliothek verzeichnet diese Publikation in der Deutschen Nationalbibliografie; detaillierte Daten sind im Internet über http://dnb.d-nb.de abrufbar.

Schmetterling Verlag GmbH
Lindenspürstr. 38b
70176 Stuttgart
www.schmetterling-verlag.de
Der Schmetterling Verlag ist Mitglied von aLiVe.

ISBN 3-89657-842-1
Printed in Czech Republic
1. Auflage 2014
Alle Rechte vorbehalten
Satz und Reproduktionen: Schmetterling Verlag
Druck und Binden: EURO PB, Pribram

Inhalt

Wortarten

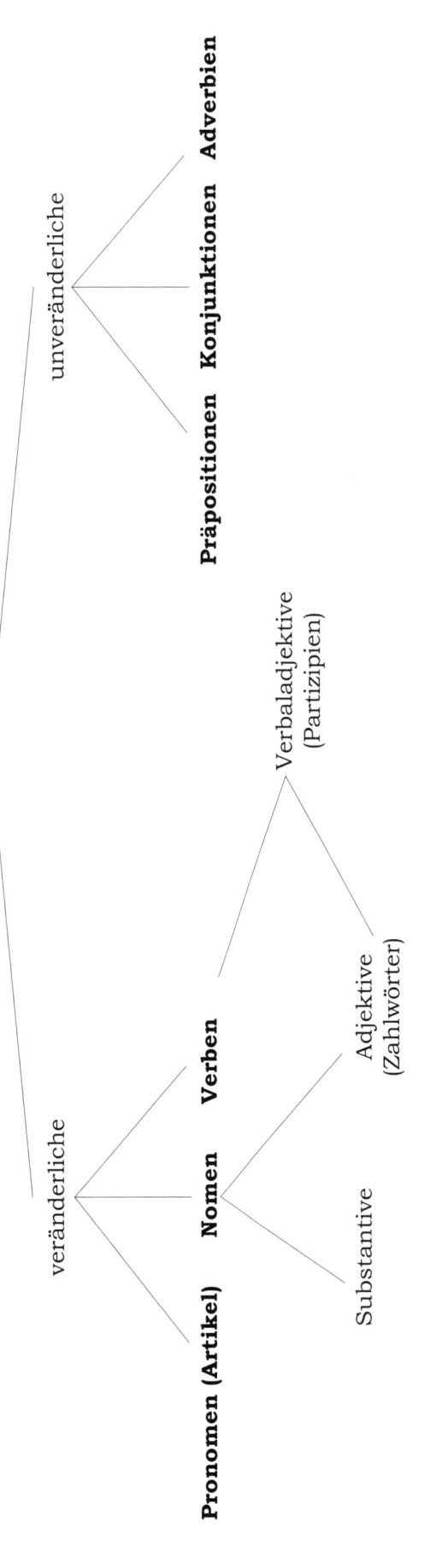
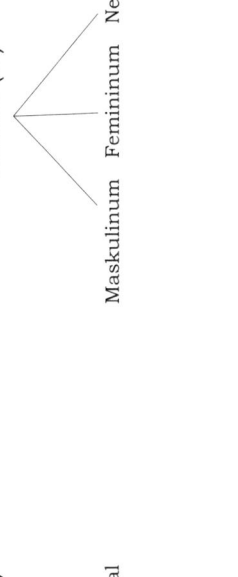

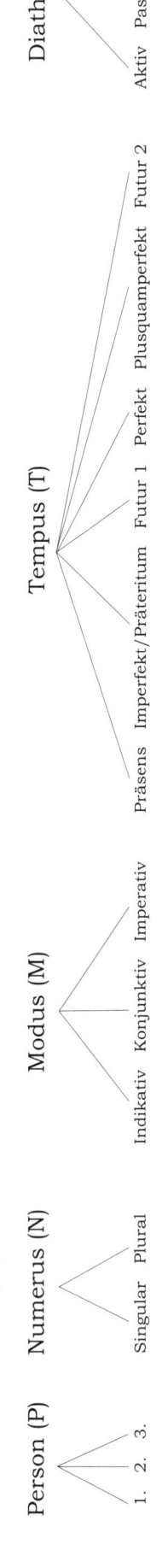

veränderliche

Pronomen (Artikel) Nomen Verben

Substantive Adjektive (Zahlwörter) Verbaladjektive (Partizipien)

unveränderliche

Präpositionen Konjunktionen Adverbien

Nomen und **Pronomen** werden **dekliniert** nach:

Kasus (K)

Nominativ (1) Genitiv (2) Dativ (3) Akkusativ (4) Ablativ (5) Vokativ (6)

Numerus (N)

Singular Plural

Genus (G)

Maskulinum Femininum Neutrum

Verben werden **konjugiert** nach:

Person (P)

1. 2. 3.

Numerus (N)

Singular Plural

Modus (M)

Indikativ Konjunktiv Imperativ

Tempus (T)

Präsens Imperfekt/Präteritum Futur 1 Perfekt Plusquamperfekt Futur 2

Diathese (D)

Aktiv Passiv Deponent

Lösungen: Wortarten

Bei dieser Übung überspringe ich alle Wörter, die sich wiederholen.

Substantive	Adjektive	Pronomen	Adverbien	Präpositionen	Konjunktionen	Verben
Gründungs-vater	mythologische	der	etwa	nach	und	ist
Römer	tausendzwei-hundertsten	die	dort	durch	als	flieht
Trojaner	gegründet	er	zuletzt	im	aber	gelangt
Aeneas	fünfhundert-undzehnten	das	auch	vor		soll
Zerstörung	römischen	einer	schließlich	über		haben
Trojas	frühe	dieser	zunächst	bis		herrschen
Griechen	mittlere	eine	später	zum		wird
Jahr	späte	dem	zwar	von		beginnt
Christus	fünften	des	faktisch	mit		unterscheiden
Stadt	vorchristlichen	diese	nur	in		gilt
Könige	siegreich	diesem	noch	aus		fallen
Tarquinius Superbus	römisches	dessen	fortan	unter		versinkt

Anmerkungen

Verbaladjektive, die an der Bildung zusammengesetzter Prädikate beteiligt sind, z.B. *gegründet, vertrieben* zählen als Wortarten nicht zu den Verben. Verben bestehen immer nur aus einem Wort. Prädikate hingegen können auch aus mehreren Wortarten zusammengesetzt sein. Auch wenn Tempora durch zusammengesetzte Prädikate umschrieben werden, muss bei der Wortartenbestimmung genauestens unterschieden werden. Das Adjektiv *siegreich* wird manchmal auch als Adverb betrachtet. Genau genommen ist es jedoch ein Prädikativum, kein Adverb. Dieses Problem basiert auf der schwierigen Unterscheidung zwischen Adverb und Prädikativum im Deutschen (siehe Attribut und Prädikativum).
Der Text hat in der Tat nur wenige Konjunktionen.

1. Nur 1, 4 und 5 sind richtig. Objekt und Prädikat sind Satzteile.

2. Das Wort *Krieg* ist ein abstraktes Substantiv. Die anderen Bezeichnungen klingen ähnlich und sind daher leicht verwechselbar. Unterscheide insbesondere zwischen Subjekt und Substantiv. Das Subjekt ist ein Satzteil, das Substantiv eine Wortart. Bei der Wortartenbestimmung entscheidet grundsätzlich nie der Zusammenhang. Ob ein Substantiv konkret oder abstrakt ist, hängt davon ab, ob es sich um einen materiellen oder einen geistigen Gegenstand handelt. So ist *Luft* ein Konkretum, weil sie aus Sauerstoff, Kohlenstoff und Stickstoff besteht. *Liebe* dagegen ist ein Abstraktum, weil sie nicht aus einem Material, sondern einem Gefühl besteht. Auch *Krieg* ist ein Abstraktum, weil er nicht aus einem messbaren Stoff besteht, sondern einen politischen Zustand beschreibt.

3. Nur auf das Adjektiv trifft zu, dass es deklinierbar ist. Adverbien sind dagegen unveränderbar. Sowohl Adjektive als auch Adverbien sind Wortarten. Beide dienen der näheren Beschreibung einer anderen Wortart. Das Adjektiv beschreibt Substantive, das Adverb beschreibt Verben. Beide Wortarten können Verbaladjektive modifizieren, weil Verbaladjektive sowohl Eigenschaften des Verbs als auch des Adjektivs besitzen: Wie Verben können sie durch Adverbien beschrieben werden. Wenn Verbaladjektive substantiviert werden, können sie als Substantive auch durch Adjektive näher modifiziert werden. Weder das Adjektiv noch das Adverb werden als «notwendige Bestandteile» eines Satzes betrachtet. In einem theoretischen, grammatisch korrekten, deutschen Minimalsatz sind nur Subjekt und Prädikat obligatorisch.

4. Nomen ist kein Synonym für Substantiv. Es ist eine Sammelbezeichnung für Substantive und Adjektive. Das Subjekt hat mit dem Substantiv nichts zu tun. Das Substantiv ist eine Wortart, das Subjekt ein Satzteil (vgl. die letzte Aussage). Auch die dritte Aussage ist insofern unsinnig, als in der gängigen grammatischen Terminologie der Begriff «substantiell» nicht auftaucht. Das terminologische Adjektiv

für substantivische Eigenschaften ist «substantivisch». Die nächste Aussage trifft zu: Bei Substantiven unterscheidet man zwischen Konkreta und Abstrakta.

5. Eine schwere und absurd-komplizierte Aufgabe. Gerade deshalb ist sie besonders gut geeignet klares und einfaches Denken zu schulen. Die Begriffe «konjunktionales Gefüge» (erste Aussage) und «integrale Kopplungselemente» (dritte Aussage) klingen so wichtig wie sie schwachsinnig sind. Beide Aussagen sind falsch. Die zweite Aussage ist in der Tat richtig. In der modernen Grammatik setzt sich immer mehr der Begriff Konnektor durch. Dabei handelt es sich wie bei vielen neueren Terminologien wie immer um alten Wein in neuen Schläuchen. Denn Konnektor heißt wörtlich «Zusammenflechter» oder «Zusammenbinder». Wo da der wesentliche Unterschied zur Konjunktion (Verbindung) bestehen soll, ist mir schleierhaft. Die vierte Aussage ist nicht nur falsch, sie ist auch deplatziert, weil sie aus der Sprachwissenschaft stammt. Konjunktionen sind sprachgeschichtlich aus den Adverbien hervorgegangen. Die letzte Aussage trifft nur auf den lateinischen Konjunktiv zu. Ein Konjunktionenmarker ist ein Konjunktiv, der in Verbindung mit einer Konjunktion einen Nebensatz markiert oder anzeigt. Der deutsche Konjunktiv hingegen ist kein Konjunktionenmarker.

6. Ein Buch besteht aus Pappe und Papier und ist folglich ein konkretes Substantiv. Der Begriff *stoisch* ist das Adjektiv zu der bis in die Neuzeit sehr wirkmächtigen Philosophie der Stoa. *Ein* ist ein Pronomen, weil Artikel ursprünglich aus den Pronomen hervorgegangen sind. *Über stoische Philosophie* ist ein präpositionaler Ausdruck, denn er besteht aus Präposition *(über)* und Bezugssubstantiv *(Philosophie)*. Die letzte Aussage trifft nicht zu. «Abstrakte Konjunktionen» gibt es nicht.

7. Nur 1, 2, 3 und 5 sind richtig. 4. *weil* ist eine Konjunktion, die kausale (begründende) Nebensätze einleitet.

8. 1–5, alle sind richtig. *und* verbindet Wörter, Sätze und Satzteile einer Ordnung. *Nachdem, als, da* und *weil* sind Nebensatzkonjunktionen.

9. Keine der Aussagen 1–5 ist richtig. *gern, nie, so* und *dann* sind Adverbien. *wie* ist ein Frageadverb.

10.

Liste 1	Liste 2
1. *gerecht*	Substantiv: 2. *Freiheit*
2. *Freiheit*	Adjektiv: 1. *gerecht*
3. *also*	Konjunktion: 4. *oder*
4. *oder*	Präposition: 5. *in*
5. *in*	Adverb: 3. *also*

11. Auch bei dieser Frage darfst du dich nicht verwirren lassen. Nur weil ein Wort in der Nähe eines Verbs steht, muss es noch lange kein Adverb sein. Aussage 1 ist falsch. Der zweite Satz ist Quatsch in Kompression. Die dritte Aussage ist falsch, weil ein Adverb niemals eine Wortgruppe, sondern immer nur ein einzelnes Wort ist. Satz 4 ist richtig. Ein Adverb ist eine Wortart, die ein Verb näher beschreibt. Auch Satz 5 ist Geschwafel.

12. Kein Verbaladjektiv ist *schlagfertig*. Denn dieses Adjektiv allein setzt sich aus dem Substantiv *Schlag* und dem Adjektiv *fertig* zusammen. *schlagend, beschlagen, angeschlagen* und *verschlagen* leiten sich von dem Verb *schlagen* her. Folglich sind es Verbaladjektive.

13. Hier ist genaues Zählen angesagt. Gefragt wird nur nach Substantiven, Adjektiven und Adverbien. Der Satz enthält zwei Substantive: *Triumvirat* und *Kartell*. Die Wörter *erste, ökonomisches, politisches* und *militärisches* sind Adjektive, macht also vier Adjektive. Adverbien sind in dem Satz nicht enthalten. Aussage 1 ist damit richtig.

14. Bei dieser Frage muss der Satz nach allen gefragten Wortarten abgesucht werden. Er enthält zwei Adjektive: *römische* und *zwei*. Aussage 1 ist damit falsch. Er enthält drei Substantive: *Bürgerkrieg, Machtkonflikt, Männern*. Damit entfällt Aussage 2. Die aufgeführten Substantive und Adjektive sind sämtlich Nomen. Also ist auch Aussage 3 falsch. Aussage 4 trifft ebensowenig zu. Der Satz enthält keine einzige Konjunktion. Lediglich Satz 5 trifft zu. Mit *zwischen* enthält der Satz eine Präposition.

15. Eine schwierige Aufgabe. Auf den ersten Blick könnte man meinen, alle Wortarten kommen vor. Nur genaues Lesen bewahrt vor der Verzweiflung. Sicher enthält der Satz Substantive *(Freunde)*, Adjektive *(neue)*, Präpositionen *(um)* und Verben *(brich)*. Außerdem ist nach Adverbien gefragt. *als erstes* könnte zwar als adverbiale Bestimmung durchgehen (genauer als Prädikativum), ist jedoch kein Adverb (im Gegensatz zu dem Wort *erst*). Denn es handelt sich um zwei Wortarten, die Präposition *als* und das Adjektiv *erstes*. Also kommen in dem Satz keine Adverbien vor.

16. Ich stimme nur der Aussage 1 zu. Der umgekehrte Fall ist nicht möglich: Substantive können nicht adjektiviert werden. Aussage 3 braucht man gar nicht bis zum Ende zu lesen um zu erkennen, dass sie paradox ist. Eine Wortart (Adverbien) kann nicht die andere (Adjektive) definieren. Auch Aussage 4 kann nur zustimmen, wer nicht begriffen hat, dass Nomen sowohl Substantive als auch Adjektive bezeichnen. Pronomen können folglich sowohl für Substantive als auch für Adjektive stehen. Die letzte Aussage wäre richtig, wenn statt *Nomen Substantive* stünde. Denn abstrakte und konkrete Adjektive werden so nicht unterschieden.

17. Nicht zu den Wortarten zählt das Subjekt. Es handelt sich um einen Satzteil. Die Frage dient erneut dazu, dir die Neigung zur Verwechslung von Subjekt und Substantiv auszutreiben.

18. Konjunktion ist nur das Wort *da*. *das* ist ein Pronomen (Artikel). *dann* ist ein zeitliches, *darum* ein begründendes, *dabei* ein zeitliches Adverb.

19. Genau lesen! Der erste Satz enthält einen präpositionalen Ausdruck: *in Rom*. Der zweite Satz enthält einen präpositionalen Ausdruck: *von Militärputschisten*. Auch der dritte Satz enthält einen präpositionalen Ausdruck: *im Grunde*. Auch der vierte Satz enthält einen präpositionalen Ausdruck: *in Wirklichkeit*. Auch der fünfte Satz enthält einen präpositionalen Ausdruck: *in die Irre*. Einzig der sechste Satz enthält keinen präpositionalen Ausdruck. Richtig ist nur der Satz: «Weiß ich nicht genau.»

Lösungen: Satzteile, Attribute und Prädikativa

Verwendete Abkürzungen:

adj.: adjektivisch	Subj.: Subjekt	indir.: indirektes
pron.: pronominal	Präd.: Prädikat	adv. Best.: adverbiale Bestimmung
präp.: präpositional	Obj.: Objekt	Attr.: Attribut
subst.: substantivisch	dir.: direktes	Gen.: Genitiv

Caesar

Subj.   Präd.   adv. Best.   dir. Obj.
Der <u>Patrizier</u> Gaius Iulius Caesar   konnte   nur durch <u>hohe</u> Verschuldung   seine   politische
    subst. Attr.   adj. Attr.   pron. Attr.   adj. Attr.

Präd.   adv. Best.
Laufbahn   finanzieren. Durch eine Kartellbildung <u>mit dem Militär Pompeius und dem Finanzier Crassus,</u>
                               präp. Attr.

                         Präd.   Subj.   dir. Obj.   adv. Best.
<u>dem sogenannten ersten Triumvirat,</u>   arrangierte   er   sich   mit den <u>beiden mächtigsten</u>
         subst. Attr.   adj. Attr.

         adv. Best.   Präd.   Subj.   dir. Obj.   adv. Best.
Männern <u>Roms</u>.   Im <u>folgenden</u> Jahr   bekleidete   er   den Konsulat.   Durch <u>seine</u> militärischen Erfolge
   Gen.-Attr.   adj. Attr.   pron. Attr.

        Präd.   Subj.   dir. Obj.
<u>in Gallien</u>   erreichte   er   <u>drei</u> Ziele:
  präp. Attr.   adj. Attr.

     Subj.   Präd.   indir. Obj.   dir. Obj.
- er   sicherte   sich   eine Verlängerung <u>seiner Statthalterschaft</u>
                                      Gen.-Attr.

adv. Best.
um <u>seine</u>   <u>langfristigen</u> Pläne umzusetzen.
  pron. Attr.   adj. Attr.

adv. Best.
- durch Ausbeutung <u>der (vor allem an Bodenschätzen reichen) Provinz</u>   konnte   er   sich   sanieren.
               Genitivattribut (Klammer nicht eingerechnet)   Präd.   Subj.   dir. Obj.   Präd.

adv. Best.
- durch <u>zunehmende</u> Verstärkung und Ergebenheit <u>der unter ihm dienenden Legionen</u>
      adj. Attr.   Gen.-Attr.

Präd.   Subj.   adv. Best.
gelangte   er   zu <u>großer militärischer</u> Macht.
                    adj. Attr.

adv. Best.   Präd.   Subj.   dir. Obj.   indir. Obj.
Schließlich   widersetzte   er   sich   der Weisung <u>des Senates</u>
                                 Gen.-Attr.

adv. Best.   adv. Best.
<u>sein</u> Kommando niederzulegen.   Mit der Überschreitung <u>des Grenzflusses Rubikon</u>
pron. Attr.   Gen.-Attr.

Präd.	Subj.	dir. Obj.		Präd.	adv. Best.
löste	er	den <u>römischen</u> Bürgerkrieg	aus.	Präd.	Im Kampf <u>um den Anspruch auf die</u>

adj. Attr. (under "den römischen Bürgerkrieg")   präp. Attr.

adv. Best.	Präd.	indir. Obj.	adv. Best.	Subj.
Republik	standen	sich	nur noch	die Legionen <u>unter Caesar</u> und

präp. Attr.

Subj.	Subj.	Präd.	adv. Best.
das <u>republikanische</u> Heer	<u>unter Pompeius</u> – Crassus	war	inzwischen

adj. Attr.   präp. Attr.

Präd.	adv. Best.	Subj.	Präd.	adv. Best.
gestorben –	gegenüber.	Caesar	siegte	in den Schlachten <u>bei Pharsalos und Thapsos</u>.

präp. Attribut

Subj.	Präd.	Subj.
Als «Diktator <u>auf Lebenszeit</u>»	herrschte	er,

präp. Attr.

	Subj.	adv. Best.	adv. Best.
bis	er	am 15. März <u>des Jahres 44 vor Christus</u>	von den <u>republikanischen</u>

Gen.-Attr.   adj. Attr.

	Prädikat
<u>Senatoren</u> Brutus und Cassius	ermordet wurde.

subst. Attribut

1. Nicht zu den Satzteilen gehört das Substantiv. Das Substantiv ist eine Wortart.

2.

Liste 1	Liste 2
1. Subjekt	Genitiv: 5. Attribut
2. direktes Objekt	Dativ: 3. indirektes Objekt
3. indirektes Objekt	Nominativ: 1. Subjekt
4. adverbiale Bestimmung	Ablativ: 4. adverbiale Bestimmung
5. Attribut	Akkusativ: 2. direktes Objekt

3. In dem Satz «Robbie Williams isst gerne Döner mit Knoblauchsoße.» sind nur 2. und 4. richtig. Zu Aussage 1: Es wird nach Satzteilen gefragt. Das Adverb ist kein Satzteil, sondern eine Wortart. Zu Aussage 3: *gerne* ist als Wortart ein Adverb. Adverbien unterscheiden sich darin von Prädikativa, dass sie sich nur auf das Verb beziehen, Prädikativa auch auf ein Substantiv. Robbie Williams kann sich jedoch nicht in einem «gernen» Zustand befinden, während er isst. Also ist *gerne* nur ein Adverb. Zu Aussage 5: *Knoblauchsoße* ist deshalb kein Objekt, weil es mit einer Präposition verbunden steht. Als Satzteil kann ein präpositionaler Ausdruck entweder Attribut oder adverbiale Bestimmung sein. In diesem Fall ist es ein Präpositionalattribut.

4.

            A   B   C
<u>Mehr als 90%</u> <u>des Sauerstoffes</u> der Erdatmosphäre wird <u>erstaunlicherweise</u> von bestimmten Algen
                    D   E
produziert, die <u>die Weltmeere</u> <u>bevölkern</u>.

Liste 1

B → Attribut, nämlich Genitivattribut

A → Subjekt. In der Tat kann auch ein Adjektiv wie *mehr* substantiviert werden und dann als Subjekt fungieren.

D → Objekt. *Die Weltmeere* ist ein direktes Objekt (Akkusativobjekt)

C → adverbiale Bestimmung. *Erstaunlicherweise* ist als Wortart ein Adverb, als Satzteil eine adverbiale Bestimmung.

E → Prädikat. *Bevölkern* ist natürlich Prädikat des Relativsatzes.

5. Die Meinung, die in Aussage 1 vertreten wird, ist zwar leider auch im Deutschunterricht immer noch weit verbreitet, aber trotzdem falsch. Auch Attribut und Adjektiv werden wie in Aussage 2 von Laien oft gleichgesetzt – falsch. Das Adjektiv ist eine Wortart. Das Attribut ist ein beschreibender Zusatz zu einem Substantiv. Das Attribut ist weder ein Satzteil noch eine Wortart, sondern eine Satzteilergänzung. So kann das Adjektiv als Attribut gebraucht werden, es kann aber auch substantiviert werden. Die Gleichsetzung von Subjekt und Substantiv in Aussage 3 liegt für alle nahe, die beim Lesen nicht weiter als zur Vorsilbe *Sub-* kommen. Danach unterscheiden sich beide Wörter erheblich: Substantiv ist eine Wortart, Subjekt ist ein Satzteil. Aussage 4 ist korrekt, auch wenn das Wort *Konnektor* ein unnötiges und wichtigtuerisches Synonym für Konjunktion ist. Aussage 5 ist aus genau demselben Grunde falsch, wie Aussage 1, weil die Gleichsetzung von Nomen und Substantiven grundsätzlich unzulässig ist. Die einzig richtige Aussage ist 4.

6. *den Freund* ist Akkusativ Singular Maskulinum. Beim Akkusativ ist, wenn er nicht mit einer Präposition steht, grundsätzlich immer nur an ein direktes Objekt zu denken. Aussage 1 ist richtig. In Verbindung mit einer Präposition können Akkusative auch an präpositionalen Ausdrücken beteiligt sein. Sie sind dann nicht als direkte Objekte aufzufassen.

7. Der Satz «Franz jagt im komplett verwahrlosten Taxi quer durch Bayern.» besteht aus vier Satzteilen. Subjekt ist *Franz*, Prädikat ist *jagt, im komplett verwahrlosten Taxi* ist adverbiale Bestimmung des Ortes, *quer durch Bayern* ist adverbiale Bestimmung des Ortes.

8. Ein Substantiv ist niemals an einem Prädikat beteiligt. Alle anderen der genannten Satzteile können durch Substantive gebildet werden.

9. *Auch* ist streng genommen ein Adverb und als Satzteil adverbiale Bestimmung. Nach dieser Feststellung kommen nur Antwortmöglichkeiten 2 und 5 in Frage, weil nur hier als erster Satzteil eine adverbiale Bestimmung erscheint. Im zu untersuchenden Satz ist der zweite Satzteil *Caesar* das Subjekt. Danach kommt nur Antwortmöglichkeit 5 in Frage.

10. Von den Satzteilen in Schillers «Die Axt im Hause erspart den Zimmermann.» ist *Axt im Hause* ein Subjekt (Aussage 5 ist richtig), ist *Hause* Teil eines Präpositionalattributes, ist *erspart* ein Prädikat, ist *Zimmermann* ein Objekt (alle anderen Aussagen sind falsch).

11. Prädikate bestehen nicht immer nur aus einem Wort. Wenn sie aus einem Wort bestehen, handelt es sich um ein finites Verb. Wenn sie aus mehreren Wörtern bestehen, so handelt es sich um zusammengesetzte Prädikate, z.B. zur Bildung von Tempora wie Perfekt, Plusquamperfekt oder Futur. Subjekte müssen nicht immer mindestens aus einem Substantiv bestehen. Sie können auch aus substantivierten Adjektiven oder aus Pronomen bestehen. Ein Satzteil kann aus mehr als nur einem Wort bestehen. Ein Satzteil kann aus mehr als nur aus einer Wortart bestehen. Adverbien bestehen immer nur aus einem Wort. Nur die letzte Aussage ist richtig.

12. Objekte müssen nicht immer nur im Akkusativ stehen. Nur direkte Objekte stehen im Akkusativ. Aussage 1 ist falsch. Indirekte Objekte stehen im Dativ. Aussage 2 ist richtig: Im Deutschen gibt es keinen eigenen Kasus der adverbialen Bestimmung, wohl aber im Lateinischen: den Ablativ. Dieser ist keinesfalls das gleiche wie der deutsche Dativ, auch wenn der deutsche Dativ häufig in präpositionalen Ausdrücken steht, die als Übersetzung des lateinischen Ablativ verwendet werden. Es bleibt dabei: der Dativ antwortet auf die Fragen *Wem?* und *Für wen?*, der Ablativ antwortet auf die Fragen *Wann? Wo? Warum? Wie?* usw. Auch Aussage 4 ist falsch. Der Genitiv dient nicht zur Bildung von adverbialen Bestimmungen, der Genitiv dient zur Bildung von Attributen. Der Akkusativ und der Dativ sind natürlich nicht funktional austauschbar. Der Dativ dient zur Bildung indirekter Objekte, der Akkusativ zur Bildung direkter Objekte.

13. *Kant* ist ein indirektes Objekt, das auf die Frage: *Wem geschah es?* antwortet. Die Aussagen 1 und 3 sind folglich falsch. *Es* ist weder direktes noch indirektes Objekt, sondern Subjekt. Denn es antwortet auf die Frage: *Wer oder was geschah?*

14. In dem Satz «Stundenlang hielt er den Mund und er schwieg nicht ohne Grund.» ist *Mund* ist ein Objekt, das auf die Frage: *Wen oder was hielt er?* antwortet. *Stundenlang* ist eine adverbiale Bestimmung

der Zeit. *Er* ist ein Subjekt, das auf die Frage: *Wer oder was hielt?* antwortet. Ein intransitives Verb ist ein Verb, von dem sich keine Passivformen bilden lassen und das keine Objekte haben kann. Das trifft auf *schwieg* zu. Man kann nicht «geschwiegen werden» und man kann auch nicht «jemanden schweigen». Falsch ist als einzige die letzte Aussage. *Ohne Grund* ist schon allein deshalb kein Objekt, weil es sich um einen präpositionalen Ausdruck handelt. Vielmehr ist es eine adverbiale Bestimmung.

15. *Ihm* ist ein Objekt im Dativ. Ein Objekt im Dativ bezeichnet man auch als Dativobjekt oder als indirektes Objekt. Aussagen 1–3 sind also alle richtig. *Sprechen* ist ein substantivierter Infinitiv im Akkusativ, also ein Objekt, das auf die Frage: *Wen oder was ließ er sein?* antwortet. Deshalb ist auch Aussage 4 richtig. *nichts* hingegen ist kein Objekt sondern ein Subjekt, denn man kann fragen: *Wer oder was fiel ihm nicht ein?*

16. Von den Satzteilen und Attributen in dem Satz «Erst als man zum Essen rief, wurd er wieder kreativ.» *Zum Essen* ist eine adverbiale Bestimmung, kein Objekt. *kreativ* ist ein Prädikativum, denn es handelt sich um eine nähere Beschreibung des Subjekts *er* in Verbindung mit dem Prädikat *wurd*. *man* ist keine adverbiale Bestimmung, sondern das Subjekt des Nebensatzes. *wieder* ist eine adverbiale Bestimmung und kein pronominales Attribut. Somit sind alle Aussagen falsch.

17.
          A   B   C   D   E
Und er <u>sprach</u> die <u>schönen</u> <u>Worte</u>: «Gibt <u>es</u> hinterher <u>noch</u> Torte?»

Liste 1
B → Attribut
D → Subjekt
C → Objekt
E → adverbiale Bestimmung
A → Prädikat

18. Die Form «Menschen» kann vorkommen als Subjekt *(die Menschen)*, als indirektes Objekt *(den Menschen)*, als direktes Objekt *(die Menschen)*, als Prädikativum *(Sie wurden als Menschen behandelt)*, als Genitivattribut *(die Geschichte der Menschen)*. Alle Aussagen 1–5 sind richtig.

19. Das Subjekt antwortet auf die Frage *wer*. Das direkte Objekt antwortet auf die Frage *wen*. Das indirekte Objekt antwortet auf die Frage *wem*. Das Genitivattribut antwortet auf die Frage *wessen*. *Wie* ist ein adverbiales Fragewort.

20. Das Wort *ihnen* ist ein Dativobjekt, denn es antwortet auf die Frage «wem?»

21. Die Frage *wen* wird beantwortet durch das Wort *ihn*. *Ihm, ihr, ihnen* antworten auf die Frage *wem*. *ich* antwortet auf die Frage *wer*.

22. Die Frage *wem* wird nicht beantwortet durch das Wort *diese*, das entweder ein Akkusativobjekt auf die Frage *wen* oder ein Subjekt auf die Frage *wer* ist.

23. In der Frage ist nach einem direkten Objekt gefragt. Dieses muss man schon sehr genau suchen. Indirekte Objekte stehen zwar reichlich zur Verfügung, ein direktes Objekt findet sich jedoch nur in Satz 5: *die Genauigkeit* antwortet als einziges Objekt auf die Frage *wen*.

24. Ein Präpositionalattribut ist ein Attribut, das mittels eines präpositionalen Ausdrucks ein anderes Substantiv näher bestimmt. In Satz 2 liegt zwar ein präpositionaler Ausdruck vor, aber nicht als Attribut sondern als adverbiale Bestimmung zu dem Verb *lernen*. In Satz 1 wird *die Kunst* näher beschrieben durch das Präpositionalattribut *Glauben zu erwecken*. Auch Satz 3 weist ein Präpositionalattribut zu *Freude* auf: *an der Arbeit*. In Satz 4 wird die *körperliche Übung* näher beschrieben durch *von großem Wert für die Gesundheit*. In Satz 5 wird der Weg durch die präpositionalen Ausdrücke *vom Schlaf zum Tode* beschrieben. Kein Präpositionalattribut verwendet Aristoteles also nur in Satz 2.

Lösungen: Satzarten und Satzfunktionen

1. Der Satz von Joseph Conrad *«Denken, was wahr ist, fühlen, was schön ist, wollen, was gut ist – und das Gegenteil von allem tun!»* enthält in der Tat nur drei Prädikate. Denn die Formen *denken, fühlen, wollen* und *tun* sind zwar Verben in Form von Infinitiven, zu Prädikaten fehlen ihnen jedoch die finiten Formen. Die drei Relativsätze *(was wahr ist, was schön ist, was gut ist)* sind Objektsätze. Sie vertreten das Objekt zu *denken, fühlen* und *wollen*. Neben diesen dreien gibt es auch keine weiteren Relativsätze – Aussage 3 ist richtig. Der Satz enthält einen präpositionalen Ausdruck *(von allem)*. Der Satz enthält jedoch nur ein Attribut. Denn *von allem* ist ein Präpositionalattribut zu Gegenteil. Damit ist auch Aussage 5 richtig.

2. Der Satz von Rosa Luxemburg *«Wer die Wahrheit liebt, darf auf das Lügen nicht verzichten.»* enthält einen Subjektsatz *(wer die Wahrheit liebt)*, jedoch nur zwei Prädikate *(liebt, darf verzichten)*, ein Objekt *(die Wahrheit)*, ein Adverb *(nicht)* und damit eine von zwei adverbialen Bestimmungen. Die zweite adverbiale Bestimmung ist in dem Ausdruck *auf das Lügen* zu sehen. Zutreffend sind also nur die Aussagen 1, 3, 4 und 5.

3. Ernesto Guevaras Ausspruch enthält einen Subjektsatz *(wer herzhaft lacht)*, jedoch keinen Attributsatz. Die Regel von der Zweitstellung des Prädikates ist erfüllt, denn der gesamte Subjektsatz steht als ein Satzteil. Denke daran, dass bei mehrteiligen Prädikaten nur die flektierte, also in der Endung variierende Form (hier: *hat*) an zweiter Stelle stehen muss, während der Rest des zusammengesetzten Prädikates *(verstanden)* später oder am Ende folgen darf. Der Satz enthält drei adverbiale Bestimmungen *(herzhaft, nicht, richtig)*. Er enthält keine prädikativen Attribute. Richtig sind die Aussagen 1, 3 und 4.

4. Parataxen sind Hauptsätze, die aneinandergereiht werden, (Parataxe ist griechisch für Nebeneinanderordnung) ohne dass eine Konjunktion eintritt. Der genannte Satz besteht aus zwei Parataxen. Da es sich um normale Hauptsätze und nicht um Frage- oder Befehlssätze handelt, ist auch die Regel von der Zweitstellung in beiden Parataxen erfüllt. Unter Blockbildung von Satzteilen versteht man eine Aneinanderreihung mehrerer Satzteile der gleichen Art en bloc. Sie können zu einer funktionalen Einheit zusammengefasst werden. Im vorliegenden Beispielsatz kann man die Verbindung der beiden adverbialen Bestimmungen *zu früh* und *schon* als einen solchen Block auffassen. Deshalb kann man auch im zweiten parataktischen Satz von einer Zweitstellung des Prädikates sprechen. Prädikativa liegen vor, wenn man *genesen* und *gewesen* als Seinszustand des Subjektes betrachtet. Wenn zwei nebeneinandergeordnete Sätze unterschiedliche Subjekte haben, spricht man von einem Subjektwechsel. Im ersten Satz ist das Subjekt *du*, im zweiten *wir*. Aussage 5 ist also richtig, zusammen mit den Aussagen 1, 2, 3 und 4.

5. Der Satz enthält zwei Subjekte *(wir, die Beweggründe)*, ein direktes Objekt *(uns)*, zwei Prädikate *(wir müssen schämen, kämen)*, eine Konjunktion *(wenn)*, einen präpositionalen Ausdruck *(ans Licht)*.

6. Der Satz enthält zwei adverbiale Bestimmungen *(fromm, zum Sündigen)*. Ein Prädikatsnomen ist ein anderer Begriff für Prädikativum und wird speziell in Verbindung mit dem Verb *sein* benutzt. Ein solches Prädikatsnomen ist in der Form *zu schwach* vertreten. Der Satz enthält ferner einen Subjektsatz *(wer fromm handelt)*, einen substantivierten Infinitiv *(zum Sündigen)*, aber kein direktes Objekt.

7. Eine hypotaktische Konstruktion ist lediglich ein Satz, der einen Nebensatz enthält. Lauren Bacalls Satz enthält einen Relativsatz, der auch zu den Nebensätzen zählt. Ein Objektsatz ist ein Nebensatz, der das Objekt des Hauptsatzes vertritt. Das Objekt des Hauptsatzes *(Menschen)* ist jedoch im Hauptsatz selbst bereits enthalten. Einen Objektsatz enthält er also nicht. Ein Attributsatz ist ein Relativsatz, der das übergeordnete Bezugswort näher beschreibt. Dies ist der Fall bei *Menschen, die viel Gutes tun*. Da es sich dabei gleichzeitig um den ersten Satzteilblock handelt, ist eine Zweitstellung des Prädikates *(erkenne)* gegeben.

8. In Senecas Satz:

A	B	C
Wenn man nicht weiß,	*in welchen Hafen man steuert,*	*ist kein Wind günstig.*

ist A ein Adverbialsatz, denn er antwortet auf die Frage *wann?* B ist ein indirekter Fragesatz, denn er hängt ab von einem Verb des Nichtwissens. C ist ein Hauptsatz, denn er wird nicht durch einen Nebensatzeinleiter eingeleitet. A ist ein Konjunktionalsatz, denn er wird durch die Konjunktion *wenn* eingeleitet. B ist ein Objektsatz, denn er antwortet auf die Frage: *Wen oder was weiß man nicht?* Alle Aussagen sind also richtig.

9.   Dieser Satz ist nicht parataktisch, sondern hypotaktisch gebaut, denn *Was du früher getan hast* ist ein Nebensatz. Dieser Satz enthält mehrere Prädikativa. Der Satz enthält zwei Prädikativa: *als Arzt* und *als Bestatter*, die jeweils den funktionalen Zustand des Subjektes beschreiben, wenn es etwas tut. Der Satz enthält einen Objektsatz, der auf die Frage antwortet: *Wen oder was tust du heute?* Der Satz enthält keine Genitivattribute. Mindestens ein Objekt enthält der Satz schon allein wegen des Objektsatzes. Richtig ist also nur Aussage 4.

10.   Dieser Satz ist nicht hypotaktisch konstruiert, bloß weil er ein Komma hat. Das Komma trennt lediglich einen Block adverbialer Bestimmungen *(nur bitte nicht ...)* deutlicher vom Hauptsatz ab. Aussage 1 ist falsch. Er enthält dagegen zwei Prädikativa: *glücklich* zu dem Prädikat *werde* und *zäh* zu dem Prädikat *sei*. Aussage 2 ist falsch. Die *regelkonforme Prädikatsrangierung* besagt, dass im deutschen Satz das Prädikat an zweiter Stelle steht. In diesem Satz steht das Prädikat an erster Stelle *(werde)*. Dabei folgt es der Ausnahmeregel, dass Prädikate in Befehlssätzen Erststellung haben. Auch Aussage 3 ist damit falsch. Der Satz enthält kein Genitivattribut. Das Possessivpronomen *unserer* ist KNG-Kongruent mit *Näh* und steht im Dativ. Lediglich Aussage 5 trifft zu: Der Satz hat ein prädikatsinhärentes Subjekt. Prädikatsinhärent bedeutet, dass das Subjekt (in diesem Fall: *du*) nicht eigens im Nominativ genannt wird, sondern aus dem Prädikat erschlossen werden kann, da sich die Imperative *werde* und *sei* an die zweite Person Singular richten.

11.   Der Satz enthält einen Nebensatz, der gleichzeitig Konjunktionalsatz ist. Die Konjunktion *da* lässt sich auch durch *wenn* ersetzen. *jenem* ist ein pronominales Attribut. *schön* ist ein Prädikativum. Ein Objekt ist in diesem Satz nicht enthalten. Die Aussagen 1, 2, 3 und 4 treffen zu.

12.   Dieser Satz besteht aus einem Hauptsatz *(Frauen sind ...)*, einem Konjunktionalsatz *(dass man ...)* und einem Relativsatz *(was sie sagen)*. Er enthält damit auch ein Relativattribut zu *dem*. Auch ein Objekt enthält dieser Satz, das jedoch sehr unscheinbar ist. Es antwortet auf die Frage: *Wen oder was kann man verlassen?* Die Antwort lautet: *sich*. Aussage 4 hingegen trifft nicht zu, denn ein Objektsatz kommt nicht vor. Aussage 5 ist wieder richtig. *von dem* ist ein Präpositionalattribut zu *Gegenteil*. Richtig sind also die Aussagen 1, 2, 3 und 5.

13.   Auf der Suche nach einem Objektsatz muss man immer die Frage *wen oder was?* stellen. Im ersten Satz kann man fragen: *wen oder was weiß ich nicht?* und die Antwort ist ein Objektsatz. Gleiches gilt für die folgenden Sätze. Hier finden sich Antworten auf die Fragen: *Wen oder was weiß ich? Wen oder was wissen sie nicht? Wen oder was weißt du? wen oder was frage ich mich?* Richtig sind also alle Aussagen 1–5.

14.   In Satz 1 besteht das Subjekt aus dem Nebensatz *wen die Götter lieben*. Dieser antwortet auf die Frage *wer oder was stirbt jung?* Satz 2 enthält einen Subjektsatz. Denn auch hier kann man fragen: *wer oder was fällt selbst hinein?* Satz 3 enthält einen Subjektsatz, weil der Nebensatz auf die Frage antwortet: *Wer oder was werfe den ersten Stein?* Auch in Satz 4 kann man fragen: *wer oder was sollte nicht mit Steinen werfen?* In Satz 5 liegt ein Subjektsatz auf die Frage *wer oder was muss nicht immer b sagen?*

15.   Ein indirekter Fragesatz ist enthalten in Satz 1, weil der Nebensatz durch ein Verb des Nichtwissens und durch ein Fragepronomen eingeleitet wird. Der Nebensatz in Satz 2 enthält kein Fragepronomen und ist also auch kein Fragesatz. In den Sätzen 3 bis 5 wiederum sind beide Kriterien erfüllt: Verb des Fragens, Wissens oder Nichtwissens und Fragepronomen.

16.   Diese Frage kannst du nur beantworten, wenn du dir klar gemacht hast, dass jedes Attribut immer ein Bezugswort hat. Folglich hat ein Relativsatzattribut ein Bezugswort im Hauptsatz. Im ersten Satz bezieht sich der Relativsatz attributiv auf *die Schwächeren*. Im zweiten Satz bezieht sich der Relativsatz auf *was es alles gibt*. Im vierten Satz bezieht sich das Relativattribut auf *die Schlichtheit*, im fünften Satz bezieht sich der Relativsatz *was man lernen muss* auf *das (lernt man)*. Es bleibt der dritte Satz, in dem der Relativsatz kein Bezugswort im Hauptsatz aufweist. Es handelt sich also um einen Subjektsatz und nicht um einen Attributsatz.

17. Ein Adverbialsatz ist ein Nebensatz, der die Funktion eines Adverbs erfüllt, also eine Zeit-, Orts- oder Umstandsangabe macht. Der erste Satz enthält einen kausalen Adverbialsatz. Die Konjunktion *da* gibt einen Grund an. Der Zweite Satz enthält einen temporalen Adverbialsatz *(wenn)*, der auf die Frage *wann?* antwortet. Auch der dritte Satz enthält einen temporalen Adverbialsatz *(sobald)*, der auf die Frage *wann?* antwortet. Im vierten Satz finden sich keine Adverbialsätze, die Zeit, Ort oder Umstände angeben. Der letzte Satz dagegen verfügt wieder über einen Adverbialsatz *(so gut wie)*, der auf die Frage *wie?* antwortet.

Lösungen: Indirekte Rede

«Die Römer und die Ägypter hatten Kotgötter, deren besondere Verrichtungen in der Fürsorge für die Latrinen und für diejenigen bestanden, die diese aufsuchten.»
Im ultimativen Handbuch des Nutzlosen Wissens steht, die Römer und die Ägypter hätten Kotgötter gehabt, deren besondere Verrichtungen in der Fürsorge für die Latrinen und für diejenigen bestanden hätten, die diese aufsuchten.

«Der Mensch blinzelt normalerweise 25 000 mal pro Tag.»
Im ultimativen Handbuch des Nutzlosen Wissens steht, der Mensch blinzele normalerweise 25 000 mal pro Tag.

«Dugongs decken ihren Bedarf an Eiweiß mit Seescheiden. Warum begnügen sie sich nicht mit einer vegetarischen Diät wie die anderen Seekühe?»
Im ultimativen Handbuch des Nutzlosen Wissens steht, Dugongs deckten ihren Bedarf an Eiweiß mit Seescheiden. Der Autor fragt, warum sie sich nicht mit einer vegetarischen Diät wie die anderen Seekühe begnügten?

«Die 45er Automatik wurde nach einem Filipino-Aufstand entwickelt. Die Aufständischen hatten sich die Genitalien mit Lederriemen zusammengeschnürt und brachten sich so dermaßen wahnsinnige Schmerzen bei, dass sie die Stellungen der US-Truppen einfach überrannten, während die Kugeln derer Springfields und 30–40 Kraigs in ihren Körpern kaum mehr Wirkung zeigten als heiße Nadeln. Die neue 45er jedoch riss Löcher, die so groß waren wie Crocket-Kugeln und sie auf der Stelle stoppten.»
Im ultimativen Handbuch des Nutzlosen Wissens steht, die 45er Automatik sei nach einem Filipino-Aufstand entwickelt worden. Die Aufständischen hätten sich die Genitalien mit Lederriemen zusammengeschnürt und sich so dermaßen wahnsinnige Schmerzen beigebracht, dass sie die Stellungen der US-Truppen einfach überrannt hätten, während die Kugeln derer Springfields und 30–40 Kraigs in ihren Körpern kaum mehr Wirkung gezeigt hätten als heiße Nadeln. Die neue 45er jedoch habe Löcher gerissen, die so groß gewesen seien wie Crocket-Kugeln und sie auf der Stelle gestoppt hätten.

«Der Bonner Moses Hess ‹erfand› den Kommunismus; deshalb veröffentlichte die Akademie der Wissenschaften der DDR nur diejenigen seiner Schriften, die sich mit dem Zionismus beschäftigten. Der Bonner Moses Hess ‹erfand› den Zionismus; deshalb veröffentlichte ein Professor der Universität Tel Aviv nur diejenigen seiner Schriften, die sich mit dem Kommunismus beschäftigten. Moses Hess bekehrte in Bonn den Trierer Hegelianer Karl Marx zum Kommunismus und machte ihn zum Redakteur der ‹Rheinischen Zeitung›. Hess bekehrte in Elberfeld den Industriellensohn Friedrich Engels zum Kommunismus. Moses Hess übersetzte in Paris Marx' ‹Das Kapital› ins Französische, schrieb danach die grundlegende Kritik am ‹Kapital›, und Marx sprach nie mehr ein Wort mit ihm.»
Im ultimativen Handbuch des Nutzlosen Wissens steht, der Bonner Moses Hess habe den Kommunismus «erfunden»; deshalb habe die Akademie der Wissenschaften der DDR nur diejenigen seiner Schriften veröffentlicht, die sich mit dem Zionismus beschäftigten. Der Bonner Moses Hess habe den Zionismus «erfunden»; deshalb habe ein Professor der Universität Tel Aviv nur diejenigen seiner Schriften veröffentlicht, die sich mit dem Kommunismus beschäftigten. Moses Hess habe in Bonn den Trierer Hegelianer Karl Marx zum Kommunismus bekehrt und ihn zum Redakteur der «Rheinischen Zeitung» gemacht. Moses Hess habe in Elberfeld den Industriellensohn Friedrich Engels zum Kommunismus bekehrt. Moses Hess habe in Paris Marx' «Das Kapital» ins Französische übersetzt, habe danach die grundlegende Kritik am «Kapital» geschrieben, und Marx habe danach nie mehr ein Wort mit ihm gesprochen.

Lösungen: Irrealis

«Das Symphonieorchester von Monaco hat mehr Mitglieder als die Armee.»
Wenn wirklich alles stimmte, was im ultimativen Handbuch des nutzlosen Wissens steht, dann hätte das Symphonieorchester von Monaco mehr Mitglieder als die Armee.

«Zu den Hauptexportgütern Liechtensteins gehören falsche Zähne.»
Wenn wirklich alles stimmte, was im ultimativen Handbuch des nutzlosen Wissens steht, dann gehörten zu den Hauptexportgütern Liechtensteins falsche Zähne.

«Ein Australier hasste es, dass Katzen in seinen Garten kamen. Also baute er aus einer Sardinenbüchse mit elektrischem Anschluss eine Falle. Als er versehentlich hineintrat, starb er.»
Wenn wirklich alles stimmte, was im ultimativen Handbuch des nutzlosen Wissens steht, dann hätte es ein Australier gehasst, dass Katzen in seinen Garten kamen. Also hätte er aus einer Sardinenbüchse mit elektrischem Anschluss eine Falle gebaut. Als er versehentlich hineingetreten wäre, wäre er gestorben.

«Auf Korfu heißen über 50 % aller Männer Spiro.»
Wenn wirklich alles stimmte, was im ultimativen Handbuch des nutzlosen Wissens steht, dann hießen auf Korfu über 50 % aller Männer Spiro.

«In Ägypten grüßt man einander ‹Wie schwitzest du?›».
Wenn wirklich alles stimmte, was im ultimativen Handbuch des nutzlosen Wissens steht, dann grüßte man in Ägypten einander: «Wie schwitzest du?»

«Der verbreitetste Vorname auf Erden ist Mohammed.»
Wenn wirklich alles stimmte, was im ultimativen Handbuch des nutzlosen Wissens steht, dann wäre der verbreitetste Vorname auf Erden Mohammed.

«Die alten Römer verwendeten Schwämme an Stöcken anstelle von Klopapier.»
Wenn wirklich alles stimmte, was im ultimativen Handbuch des nutzlosen Wissens steht, dann hätten die alten Römer Schwämme an Stöcken anstelle von Klopapier verwendet.

«Der Panamahut stammt aus Ecuador.»
Wenn wirklich alles stimmte, was im ultimativen Handbuch des nutzlosen Wissens steht, dann stammte der Panamahut aus Ecuador.

«Die Römer erfanden das türkische Bad.»
Wenn wirklich alles stimmte, was im ultimativen Handbuch des nutzlosen Wissens steht, dann hätten die Römer das türkische Bad erfunden.

«Wer dreimal lügt, der ist guter Dinge. Denn aller guten Dinge sind drei.»
Wenn wirklich alles stimmte, was im ultimativen Handbuch des nutzlosen Wissens steht, dann wäre, wer dreimal lügt, guter Dinge. Denn alle guten Dinge wären drei.

«Chop Suey ist kein chinesisches Gericht, sondern wurde von chinesischen Einwanderern in Kalifornien erfunden.»
Wenn wirklich alles stimmte, was im ultimativen Handbuch des nutzlosen Wissens steht, dann wäre Chop Suey kein chinesisches Gericht, sondern wäre von chinesischen Einwanderern in Kalifornien erfunden worden.

«Die Weibchen des orange und schwarz gemusterten Scheckenfalters *Euphydras editha* legen in Nevada ihre Eier gerne an den Blättern des Spitzwegerichs *Plantago lanceolata* ab.»
Wenn wirklich alles stimmte, was im ultimativen Handbuch des nutzlosen Wissens steht, dann legten die Weibchen des orange und schwarz gemusterten Scheckenfalters *Euphydras editha* in Nevada ihre Eier gerne an den Blättern des Spitzwegerichs *Plantago lanceolata* ab.

Im Folgenden umschreibe ich, wo möglich, mit würde. Dabei beachte ich die Regel: *Würde* nie im *Wenn*-Satz:

«Löffelhunde gehen vorzugsweise in der Dämmerung auf Nahrungssuche.»
Wenn wirklich alles stimmte, was im ultimativen Handbuch des nutzlosen Wissens steht, dann würden Löffelhunde vorzugsweise in der Dämmerung auf Nahrungssuche gehen.

«Erdmännchen sind Schleichkatzen, die nur in der Kalahari leben.»
Wenn wirklich alles stimmte, was im ultimativen Handbuch des nutzlosen Wissens steht, dann wären Erdmännchen Schleichkatzen, die nur in der Kalahari leben würden.

«Statistisch gesehen kommen Todesfälle durch Flugzeugabstürze seltener vor als duch Eselstritte.»
Wenn wirklich alles stimmte, was im ultimativen Handbuch des nutzlosen Wissens steht, dann kämen statistisch gesehen Todesfälle durch Flugzeugabstürze seltener vor als durch Eselstritte.

«Ungarn exportiert mehr Nilpferde als jedes andere Land auf der Welt.»
Wenn wirklich alles stimmte, was im ultimativen Handbuch des nutzlosen Wissens steht, dann würde Ungarn mehr Nilpferde als jedes andere Land auf der Welt exportieren.

«Im Durchschnitt enthält jeder Mensch zwei Moleküle des letzten Atems von Julius Caesar.»
Wenn wirklich alles stimmte, was im ultimativen Handbuch des nutzlosen Wissens steht, dann würde im Durchschnitt jeder Mensch zwei Moleküle des letzten Atems von Julius Caesar enthalten.

«Die Puritaner sind nicht deswegen gegen das Vorführen von Tanzbären, weil das die Bären schmerzt, sondern weil es die Zuschauer erfreut.»
Wenn wirklich alles stimmte, was im ultimativen Handbuch des nutzlosen Wissens steht, dann wären die Puritaner nicht deswegen gegen das Vorführen von Tanzbären, weil das die Bären schmerzen würde, sondern weil es die Zuschauer erfreuen würde.

«Das älteste bisher bekannte gedruckte Buch der Welt entstand 868 p. C. n. in der Druckerei der Mogao-Höhlen bei Dunhuang in Gansu, die Diamantensutra. Sie steht seit 1961 unter dem offiziellen Schutz der Volksregierung Chinas.»
Wenn wirklich alles stimmte, was im ultimativen Handbuch des nutzlosen Wissens steht, dann wäre das älteste bisher bekannte gedruckte Buch der Welt 868 p. C. n. in der Druckerei der Mogao-Höhlen bei Dunhuang in Gansu entstanden, die Diamantensutra. Sie stünde seit 1961 unter dem offiziellen Schutz der Volksregierung Chinas.

«Für den Grundsatz Auge um Auge, Zahn um Zahn spricht immerhin, dass er der einzige nicht völlig willkürliche Maßstab für die Strafzumessung ist und sich jeder ideologischen Verzerrung entzieht.»
Wenn wirklich alles stimmte, was im ultimativen Handbuch des nutzlosen Wissens steht, dann spräche für den Grundsatz Auge um Auge, Zahn um Zahn immerhin, dass er der einzige nicht völlig willkürliche Maßstab für die Strafzumessung wäre und sich jeder ideologischen Verzerrung entzöge.

«1567 stolperte der Mann mit dem längsten Bart Europas über ihn, stürzte die Treppe hinab und brach sich das Genick.»
Wenn wirklich alles stimmte, was im ultimativen Handbuch des nutzlosen Wissens steht, dann wäre 1567 der Mann mit dem längsten Bart Europas über ihn gestolpert und die Treppe hinabgestürzt und hätte sich das Genick gebrochen.

Die Personalendungen

Person	Numerus	Modus, Tempus, Diathese				
		Aktiv			Passiv/Deponent[6]	
		Indikativ und Konjunktiv (Normalendungen)	Indikativ Perfekt (Spezialendungen)	Imperativ	Indikativ/Konjunktiv[7]	Imperativ[8]
1.	Singular	-o/-m[1]	-i	-	-r[9]	-
2.		-s	-isti	«Nix»/-e[3]	-ris	-re[10]
3.		-t	-it	-to[4]	-tur	-
1.	Plural	-mus	-imus	-	-mur	-
2.		-tis	-istis	-te/-tote[5]	-mini	-mini
3.		-nt	-ērunt/-ēre[2]	-nto[4]	-ntur	-

Anmerkung 1: -o als stehengebliebener Bindevokal und «schwaches» a im Aktiv

-o ist die Endung im Präsens, b-Futur und Futur 2 Aktiv; -m ist die Endung in allen anderen Tempora und im Konjunktiv. Ursprünglich war -m die Endung in allen Tempora. Das -o ist eigentlich keine Endung, sondern ein «stehengebliebener Bindevokal», hinter dem das -m weggefallen ist. Wichtig: In der a-Konj. – und nur hier – überdeckt die «starke» Endung -o den «schwachen» Stammauslaut a: serva-o —> serv-o, bewahre.

Anmerkung 2: Altlateinische Nebenform

In altlateinischen und archaistischen (altes Latein imitierenden) Texten erscheint als Nebenform zur Endung -ērunt der 3. Person Plural im Indikativ Perfekt die Endung -ēre. Diese kann insbesondere in Sallusttexten auch latinumsrelevant sein und sollte daher mitgelernt werden. Zu beachten ist bei beiden Formen das lang gelesene e.

Anmerkung 3: Regeln zum Imperativ

Der Imperativ der a-, e- und langvokalischen i-Konjugation weist keine Endung auf («Nix») und erscheint (wie im Deutschen) als bloßer Stamm («audi»-Regel). In der konsonantischen und kurzvokalischen i-Konjugation ist die Imperativendung -e. In der kurzvokalischen (j-konsonantischen) i-Konjugation überdeckt dieses -e dabei zusätzlich den Stammauslaut i: accipi-e —> accipj-e —> accip-e, nimm an.

Anmerkung 4: Imperativ Futur

-to und -nto drücken Befehle an die 3. Person aus (sog. Imperativ Futur). Sie entsprechen der Erweiterung der normalen Personalendungen um ein -o. Sie werden mit dem Modalverb sollen übersetzt.

Anmerkung 5: «tote»-Regel

-to-te ist eine um das Suffix -to- erweiterte Form der Imperativendung -te und drückt wie diese einen Befehl an die 2. Person Plural aus. Ebenso wie -te kann auch -tote als normaler deutscher Imperativ oder durch das Modalverb sollen übersetzt werden.

Anmerkung 6: Deponentien – passive Form, aktive Bedeutung

Deponentien unterscheiden sich in der Form nicht von passiven Verben. Sie haben lediglich eigene Stämme und immer aktive Bedeutungen.

Anmerkung 7:

Endungen gelten nur für das Präsensstammsystem (Perfekt Passiv wird anders gebildet; vgl. Lehrbuch S. 164).

Anmerkung 8:

Endungen gelten nur für den Imperativ der Deponentien (Imperativ Passiv gibt es praktisch nicht).

Anmerkung 9: o vor r als stehengebliebener Bindevokal und schwaches a im Passiv

Im Präsens und b-Futur Passiv tritt -o- als stehengebliebener Bindevokal vor das -r; in der a-Konjugation überdeckt es wie im Aktiv den schwachen Stammauslaut a: serva-o-r —> serv-o-r, werde bewahrt.

Anmerkung 10: Besonderheiten der Endung -re

Die Imperativendung -re ist sehr selten (!) und tritt nur bei Deponentien in aktiver Bedeutung auf: loqu-e-re, sprich. Vorsicht: Sie wird leicht mit der sehr häufigen (!) Endung des Infinitiv Präsens Aktiv verwechselt.

Die Infinitivendungen

Tempus	Diathese	
	Aktiv	Passiv
Präsens	-re	-i/-ri[1]
Perfekt	-isse	[-][2]

Anmerkung 1: Regeln zum Infinitiv Präsens Passiv

-i ist die Infinitiv-Passiv-Endung bei der konsonantischen und kurzvokalischen i-Konjugation (Merksatz: «i bei kurz und kons»); -ri ist die Infinitiv-Passiv-Endung bei der a-, e- und langvokalischen i-Konjugation. In der kurzvokalischen (j-konsonantischen) i-Konjugation verschmilzt der Stammauslaut i mit der Infinitivendung -i zu langem i: accipi-i —> accipj-i —> accipī, angenommen werden.

Anmerkung 2: Fehlende Formen

Die Infinitive Perfekt Passiv/Deponent und Futur folgen anderen Bildungsprinzipien und werden an anderer Stelle erklärt.

Die Tempus- und Modussuffixe

Stammsystem	Tempus	Modus	
		Indikativ	**Konjunktiv**
Präsens	Präsens	[-][1]	-a-/-e-[2]
	Imperfekt	-ba-[3]	-re-[4]
	Futur 1	-b-/-a-/-e-[5]	_[6]
Perfekt	Perfekt	[-][1]	-eri-[7]
	Plusquamperfekt	-era-	-isse-[4]
	Futur 2	-er-[7]	_[6]

Anmerkung 1: Fehlende Suffixe im Indikativ Präsens und Perfekt

Die Indikative Präsens und Perfekt haben kein Suffix. Die Endung tritt entweder direkt oder vermittelt durch einen Bindevokal an den Stamm. (Bei einigen Personalendungen im Indikativ Perfekt erfüllte der «Endungsanlaut» *-i-* zwar ursprünglich die Funktion eines «Vergangenheitssuffixes», wird aber aus praktischen Gründen zur Endung gerechnet.) Die im Perfekt häufigen Stammauslaute *-v-* (v-Perfekt) und *-u-* (u-Perfekt) kann man aufgrund ihrer regelmäßigen Bildungsprinzipien ebenfalls als «Vergangenheitssuffixe» betrachten. Dazu gelten folgende Regeln: *-v-* tritt an den Präsensstammauslaut der a- und (in vielen Fällen) der i-Konjugation ohne ihn zu verändern: *serva-v-i*, habe bewahrt, bewahrte; *audi-v-i*, habe gehört, hörte; *-u-* überdeckt den Präsensstammauslaut der e-Konjugation: *habe-u-i —> hab(-)u-i*, habe gehabt, hatte

Anmerkung 2: Regeln zum Konjunktiv Präsens

In der a-Konjugation tritt «starkes» *-e-* als Konjunktivsuffix hinter den Stamm und verdrängt den «schwachen» Auslaut *-a-*, bzw. verschmilzt mit ihm zu *-e-* (Kontraktion): *lauda-e-m —> laud(-)e-m*, lobe. In allen anderen Konjugationen tritt *-a-* als Konjunktivsuffix an den unveränderten Stamm: *vide-a-m*, sehe; *audi-a-m*, höre; *accipi-a-m*, nehme an; *ag-a-m*, treibe. Die kontraintuitive Regel lautet: Suffix-*e* überdeckt Stamm-*a*. Suffix-*a* verändert andere Stämme nicht. Merksatz:
Der Konjunktiv, der hat ein a,
nur in der a hat er ein e.

Anmerkung 3: Regel zum Bindevokal im Imperfekt

In der konsonantischen, kurz- und langvokalischen i-Konjugation tritt zwischen konsonantischem Stammauslaut, bzw. Stammauslaut *i* und Imperfektsuffix *-ba-* ein bindevokalisches *e*: *ag-e-ba-m*, trieb; *accipi-e-ba-m*, nahm an; *audi-e-ba-m*, hörte. Merke: «Unser Mist kl EB t».

Anmerkung 4: Konjunktiv = Infinitiv + Personalendung

-re- und *-isse-* dienen zugleich als Endungen im Infinitiv Präsens und Perfekt Aktiv und als Suffixe im Konjunktiv Imperfekt und Plusquamperfekt. Versieht man also einen der beiden Infinitive mit einer Personalendung erhält man jeweils den um eine Zeitstufe zurückversetzten Konjunktiv. In der kurzvokalischen (j-konsonantischen) i-Konjugation wird der Stammauslaut *i* vor dem Imperfektsuffix *-re-* zu *e*, ähnlich einem Bindevokal vor *-r-* («uns E R Mist»): *accipi-e-re-m —> accipj-e-re-m —> accipe-re-m*, nahm an

Anmerkung 5: Regel zu den Futursuffixen

Das Futursuffix *-b-* («b-Futur» oder «bo-bi-bu-Futur») erscheint in der a- und e-Konjugation: *serva-b-o*, werde bewahren; *vide-b-o*, werde sehen. Die Futursuffixe *-a-* und *-e-* («a-e-Futur») stehen dagegen in allen anderen Konjugationen, wobei das Suffix *-a-* jeweils nur in der 1. Person Singular, *-e-* in allen weiteren Personen als Suffix an den Stamm tritt. *audi-a-m*, werde hören; *audi-e-s*, wirst hören; *audi-e-t*, wird hören; *audi-e-mus*, werden hören; *audi-e-tis*, werdet hören; *audi-e-nt*, werden hören. Zu beachten ist beim a-Futur ferner, dass in der 1. Person Verwechslungsgefahr mit der 1. Person Konjunktiv Präsens bestehen kann (wenn der Stammauslaut nicht a ist). Zu den Futursuffixen gilt der bekannte Merkvers:
Die a und die e,
die haben ein b,
beide i und die k,
5 e nach dem a.

Anmerkung 6: Fehlende Suffixe im Konjunktiv Futur

Einen Konjunktiv Futur gibt es im Lateinischen nicht!

Anmerkung 7: Verwechslungsgefahr und abweichender Bindevokal

Die Suffixe für den (häufigeren) Konjunktiv Perfekt *-eri-* und das (seltenere) Futur 2 *-er-* können in den meisten Formen leicht verwechselt werden. Lediglich die 1. Personen unterscheiden sich voneinander: *serva-er-o*, werde bewahrt haben; *serva-eri-m*, habe bewahrt. In der 3. Person Plural Indikativ Futur 2 Aktiv findet sich regelmäßig ein abweichender Bindevokal. Statt zu erwartendem *u* vor *n* («U N ser Mist»), steht hier *i* vor *n*: *serva-er-i-nt*, werden bewahrt haben. Diese Besonderheit verschärft noch die Verwechslungsgefahr mit dem Konjunktiv Perfekt *(serva-eri-nt)*. Diese Formengleichheit fällt jedoch weniger ins Gewicht als sie es bei regelhaftem *u* vor *n* mit dem wesentlich häufigeren Indikativ Perfekt *(servav-erunt)* täte.

Die Bindevokale

Binde- oder Sprechvokale vermitteln bei Konsonantenkonflikten zwischen Stammauslaut und Endung, zwischen Stammauslaut und Suffix oder zwischen Suffix und Endung. Als Bindevokale treten ein:

- u vor n
- e vor r und b
- i vor m, s und t

Diese Zuordnung der jeweiligen Bindevokale zu den entsprechenden Konsonanten lässt sich mit folgendem Merkspruch darstellen:

UN s **ER MIST** kl **EB** t.

Die sogenannten «**unregelmäßigen Verben**» sind **Verben mit Stammwechsel**:

esse, sein, existieren
posse, können
ire, gehen
ferre, bringen, ertragen
velle, wollen
nolle, nicht wollen
malle, lieber wollen
tollere, wegnehmen, beseitigen
fieri, werden, geschehen, gemacht werden, entstehen

Lösungen Verben

Form	Auftrennung	Person	Numerus	Modus/ Infinitiv	Tempus	Diathese	Übersetzung
venit (2)	veni-t	3	Singular	Indikativ	Präsens	Aktiv	kommt
	ven-it				Perfekt		kam
Diese Form kann gleich drei Bedeutungen haben: als Präsens und Perfekt des langvokalischen *venīre, kommen* und als Präsens von dem unregelmäßigen *ve-nīre, zum Verkauf gehen*. Das kann den Anfänger zur Verzweiflung bringen.								
videt	vide-t	3	Singular	Indikativ	Präsens	Aktiv	sieht
vincit (2)	vinc-i-t	3	Singular	Indikativ	Präsens	Aktiv	siegt
	vinci-t						bindet
Auch hier stehen zwei Verbstämme zur Verfügung: das langvokalische *vincīre, binden, fesseln* und das konsonantische *vincere, siegen*. Im Originaltext lassen sich beide nur aus dem Zusammenhang unterscheiden.								
vivit	viv-i-t	3	Singular	Indikativ	Präsens	Aktiv	lebt
vide	vide	2	Singular	Imperativ	Präsens	Aktiv	sieh!
vixi	vix-i	1	Singular	Indikativ	Perfekt	Aktiv	lebte
accip	accip-i			Infinitiv	Präsens	Passiv	angenommen werden
dici	dic-i			Infinitiv	Präsens	Passiv	gesagt werden
audi	audi	2	Singular	Imperativ	Präsens	Aktiv	höre!
egi	eg-i	1	Singular	Indikativ	Perfekt	Aktiv	handelte
Jeden Anfänger, der noch keine Stammformen kennt, kann auch diese Form nerven: Die meisten meinen *egi* habe etwas mit *egere, nicht haben, entbehren*, zu tun. Das kann bei *egi* jedoch schon deswegen nicht sein, weil der Auslaut des Präsensstammes *e* auf jeden Fall erhalten bleiben muss. Die Form müsste also mindestens mit den Buchstaben *ege-* beginnen. Die vorliegende Form hat vielmehr den Perfektstamm von *agere*. Dieser lautet *eg-*.								
agi	ag-i			Infinitiv	Präsens	Passiv	gehandelt werden
eget	ege-t	3	Singular	Indikativ	Präsens	Aktiv	hat Mangel
egit	eg-it	3	Singular	Indikativ	Perfekt	Aktiv	handelte
Viele leiten diese Form fälschlich von *egere* her. Das kann nicht sein, weil im Präsens der e-Konjugation der Stammauslaut (e) in allen Formen erhalten bleibt, was bei *eg-it* nicht der Fall ist.								
vivet	viv-e-t	3	Singular	Indikativ	Futur 1	Aktiv	wird leben
amavi	amav-i	1	Singular	Indikativ	Perfekt	Aktiv	liebte
habui	habu-i	1	Singular	Indikativ	Perfekt	Aktiv	hatte
suscipiet	suscipi-e-t	3	Singular	Indikativ	Futur 1	Aktiv	wird unternehmen
putet (2)	put(-)e-t	3	Singular	Konjunktiv	Präsens	Aktiv	glaubt
	pute-t	3	Singular	Indikativ	Präsens	Aktiv	stinkt
Die a-Konjugation, zu der auch *putare* gehört, ist neben der kurzvokalischen i-Konjugation die einzige Stammklasse, in der sich in einigen Formen Stamm und Endung nicht eindeutig trennen lassen. Dies ist z. B. in diesem Beispiel im Konjunktiv Präsens der Fall: Der Stammauslaut *a (puta-)* wird durch das Konjunktivsuffix *e* überdeckt. Ähnliches gilt für die 1. Singular Indikativ Präsens Aktiv, in der die Endung *-o* den Stamm überdeckt *(puto)*. Dies führt manchmal zu Verwirrung in den Wörterbüchern, in denen die Verben unter dieser 1. Singular Indikativ Präsens Aktiv eingetragen sind. Denn wenn man beim Suchen unter Formen auf *-ao* («*puta-o*») nachschlägt, kann man lange suchen. Eine Anmerkung zu *putare* selbst: Der unerfahrene Anfänger schreibt häufig gleich die erste Grundbedeutung hin. Bei *putare* steht in vielen Wörterbüchern an erster Stelle eine Bedeutung, die nicht nur im Latinum, sondern in der gesamten lateinischen Literatur überhaupt höchst selten (meist in agrarwissenschaftlichen oder medizinischen Texten) greift: *schneiden, beschneiden*. Diese solltest du dir aus dem Kopf schlagen. Die zweite Form mit dem Stamm *pute-* kommt von *putere, stinken*. Sie ist zwar theoretisch richtig, dürfte aber ebenfalls eher selten vorkommen.								
habeo	habe-o	1	Singular	Indikativ	Präsens	Aktiv	habe
offendi (2)	offend-i			Infinitiv	Präsens	Passiv	angegriffen werden
	offend-i	1	Singular	Indikativ	Perfekt	Aktiv	griff an
senserim	sens-eri-m	1	Singular	Konjunktiv	Perfekt	Aktiv	habe gefühlt
audivi	audiv-i	1	Singular	Indikativ	Perfekt	Aktiv	hörte
vale	vale-	1	Singular	Imperativ	Präsens	Aktiv	sei gesund
quaeritur	quaer-i-tur	3	Singular	Indikativ	Präsens	Passiv	wird gefragt
sperabant	spera-ba-nt	3	Plural	Indikativ	Imperfekt	Aktiv	hofften
vocantur	voca-ntur	3	Plural	Indikativ	Präsens	Passiv	werden gerufen
deiecit	deiec-it	3	Singular	Indikativ	Perfekt	Aktiv	warf herab

dantur	da-ntur	3	Plural	Indikativ	Präsens	Passiv	werden gegeben
servare	serva-re			Infinitiv	Präsens	Aktiv	bewahren
accusatur	accusa-tur	3	Singular	Indikativ	Präsens	Passiv	wird angeklagt
superabant	supera-ba-nt	3	Plural	Indikativ	Imperfekt	Aktiv	übertrafen
damnaretur	damna-re-tur	3	Singular	Konjunktiv	Imperfekt	Passiv	wurde verurteilt
demoveretur	demove-re-tur	3	Singular	Konjunktiv	Imperfekt	Passiv	wurde entfernt
probaverant	probav-era-nt	3	Plural	Indikativ	Plusquamperfekt	Aktiv	hatten gut gefunden
iubebatis	iube-ba-tis	2	Plural	Indikativ	Imperfekt	Aktiv	befahlt
habebitis	habe-b-i-tis	2	Plural	Indikativ	Futur 1	Aktiv	werdet haben
deterreor	deterre-o-r	1	Singular	Indikativ	Präsens	Passiv	werde abgeschreckt
restitui (2)	restitu-i	1	Singular	Indikativ	Perfekt	Aktiv	stellte wieder her
				Infinitiv	Präsens	Passiv	wiederhergestellt werden

Zu recht darf man sich über Präsensstämme auf -u wundern. Denn sie gehören scheinbar keiner der bekannten Konjugationen an, wenn man u als Vokal wertet. Da jedoch im Lateinischen u und v identisch waren, wurden sie auch nur als ein Buchstabe gelesen, nämlich v. V aber ist ein Konsonant. Stämme auf u gehören also der konsonantischen Konjugation an.

relinquemus	relinqu-e-mus	1	Plural	Indikativ	Futur 1	Aktiv	werden zurücklassen
reperiatur	reperi-a-tur	3	Singular	Konjunktiv	Präsens	Passiv	wird wiedergefunden
numeremus	numer(-)e-mus	1	Plural	Konjunktiv	Präsens	Aktiv	zählen
videor	vide-o-r	1	Singular	Indikativ	Präsens	Deponent	scheine

vide- ist einer der wenigen Stämme, von denen zugleich eine aktive *(videre)* und eine deponente Form *(videri)* existieren. Das Passiv in der Bedeutung *gesehen werden* ist relativ selten.

interficiet	interfici-e-t	3	Singular	Indikativ	Futur 1	Aktiv	wird töten
videantur	vide-a-ntur	3	Plural	Konjunktiv	Präsens	Deponent	scheinen
capis	capi-s	2	Singular	Indikativ	Präsens	Aktiv	nimmst
agetur	ag-e-tur	3	Singular	Indikativ	Futur 1	Passiv	wird gehandelt werden
viximus	vix-imus	1	Plural	Indikativ	Perfekt	Aktiv	lebten
videbuntur	vide-b-u-ntur	3	Plural	Indikativ	Futur 1	Deponent	werden scheinen
continet	contine-t	3	Singular	Indikativ	Präsens	Aktiv	enthält
statuetur	statu-e-tur	3	Singular	Indikativ	Futur 1	Passiv	wird festgesetzt werden
facit	faci-t	3	Singular	Indikativ	Präsens	Aktiv	macht
fecit	fec-it	3	Singular	Indikativ	Perfekt	Aktiv	machte
aequari	aequa-ri			Infinitiv	Präsens	Passiv	gleich gemacht werden
teneri	tene-ri			Infintiv	Präsens	Passiv	gehalten werden
servat	serva-t	3	Singular	Indikativ	Präsens	Aktiv	bewahrt
repudiari	repudia-ri			Infinitiv	Präsens	Passiv	zurückgewiesen werden
parabat	para-ba-t	3	Singular	Indikativ	Imperfekt	Aktiv	bereitete
ages	ag-e-s	2	Singular	Indikativ	Futur 1	Aktiv	wirst handeln
dabant	da-ba-nt	3	Plural	Indikativ	Imperfekt	Aktiv	gaben
debent	debe-nt	3	Plural	Indikativ	Präsens	Aktiv	müssen
statuit (2)	statu-i-t statu-it	3	Singular	Indikativ	Präsens Perfekt	Aktiv	setzt fest setzte fest
tribuit (2)	tribu-i-t tribu-it	3	Singular	Indikativ	Präsens Perfekt	Aktiv	teilt zu teilte zu
vident	vide-nt	3	Plural	Indikativ	Präsens	Aktiv	sehen
ducunt	duc-u-nt	3	Plural	Indikativ	Präsens	Aktiv	leiten
aget	ag-e-t	3	Singular	Indikativ	Futur 1	Aktiv	wird handeln
dixit	dix-it	3	Singular	Indikativ	Perfekt	Aktiv	sagte
ago	ag-o	1	Singular	Indikativ	Präsens	Aktiv	handle
paraverunt	parav-erunt	3	Plural	Indikativ	Perfekt	Aktiv	bereiten
putavistis	putav-istis	2	Plural	Indikativ	Perfekt	Aktiv	habt geglaubt
veniet	veni-e-t	3	Singular	Indikativ	Futur 1	Aktiv	wird kommen
vincam (2)	vinc-a-m	1	Singular	Indikativ Konjunktiv	Futur 1 Präsens	Aktiv	werde siegen siege

vivam (2)	viv-a-m	1	Singular	Indikativ Konjunktiv	Futur 1 Präsens	Aktiv	werde leben lebe
discebat	disc-e-ba-t	3	Singular	Indikativ	Imperfekt	Aktiv	lernte

Das *e* vor dem Imperfektsuffix dient regelmäßig als Bindevokal in allen Konjugationen außer der a- und e-Konjugation. Es gilt die Regel: Unser Mist kl EB t.

faceret	fac-e-re-t	3	Singular	Konjunktiv	Imperfekt	Aktiv	machte
memoravi	memorav-i	1	Singular	Indikativ	Perfekt	Aktiv	erinnerte
constituisset	constitu-isse-t	3	Singular	Konjunktiv	Plusquamperfekt	Aktiv	hatte beschlossen
egisset	eg-isse-t	3	Singular	Konjunktiv	Plusquamperfekt	Aktiv	hatte gehandelt
geremus	ger-e-mus	1	Plural	Indikativ	Futur 1	Aktiv	werden vollbringen
emisimus	emis-imus	1	Plural	Indikativ	Perfekt	Aktiv	schickten raus
reliquit	reliqu-it	3	Singular	Indikativ	Perfekt	Aktiv	ließ zurück
iacet	iace-t	3	Singular	Indikativ	Präsens	Aktiv	liegt

Die Stämme *iace-* (e-Konjugation), *liegen,* und *iaci-* (kurz-i-Konjugation), *werfen,* unterscheiden sich im Infinitiv Präsens nicht voneinander. Beachte also vor allem die Stammauslaute in der 1. Person.

erupit	erup-it	3	Singular	Indikativ	Perfekt	Aktiv	brach heraus
putatis	puta-tis	2	Plural	Indikativ	Präsens	Aktiv	glaubt
vicimus	vic-imus	1	Plural	Indikativ	Perfekt	Aktiv	siegten
comparabitur	compara-b-i-tur	3	Singular	Indikativ	Futur 1	Passiv	wird bereitet werden
excessit	excess-it	3	Singular	Indikativ	Perfekt	Aktiv	ging heraus
evasit	evas-it	3	Singular	Indikativ	Perfekt	Aktiv	lief heraus
pollicerentur	pollice-re-ntur	3	Plural	Konjunktiv	Imperfekt	Deponent	versprachen
distribuisti	distribu-isti	2	Singular	Indikativ	Perfekt	Aktiv	hast verteilt
confirmasti (!)	confirma(v)-(i)sti	2	Singular	Indikativ	Perfekt	Aktiv	hast versichert

Sowohl Cicero als auch Sallust haben die Angewohnheit zuweilen so zu schreiben, wie man sprach, dabei kommt es zu unsauberen Formen oder «Verschleifungen», wie hier zwischen Endung und Stamm der a-Konjugation im Perfekt. Dabei fällt der in der a-Konjugation regelmäßige Stammauslaut v mit dem Anlaut der Endung i (von *-isti*) aus. In vielen Latinumsklausuren wird darauf nicht hingewiesen. Deshalb solltest du das Phänomen mal gesehen haben.

liberarent	libera-re-nt	3	Plural	Konjunktiv	Imperfekt	Aktiv	befreiten
exclusi	exclus-i	1	Singular	Indikativ	Perfekt	Aktiv	schloss aus
firmavi	firmav-i	1	Singular	Indikativ	Perfekt	Aktiv	sicherte
comperi (2)	comper-i	1	Singular	Indikativ Infinitiv	Perfekt Präsens	Aktiv Passiv	erfuhr erfahren werden
viverem	vive-re-m	1	Singular	Konjunktiv	Imperfekt	Aktiv	lebte
dixisti	dix-isti	2	Singular	Indikativ	Perfekt	Aktiv	hast gesagt
pugnaverint (2)	pugnav-eri-nt pugnav-er-i-nt	3	Plural	Konjunktiv Indikativ	Perfekt Futur 2	Aktiv	haben gekämpft werden gekämpft haben

Im Futur 2 ist der Bindevokal vor *n* nicht regelkonform. Nach der Unser-Mist-Regel würde man u erwarten. u vor n würde jedoch zu Verwechslungen führen zwischen der 3. Plural Futur 2 und der wesentlich häufigeren Pluralendung Indikativ Perfekt (*-erunt* gegenüber «*-er-u-nt*»). So besteht die Verwechslungsgefahr nur mit dem selteneren und funktional dem Futur 2 verwandteren Konjunktiv Perfekt.

pugnaverat	pugnav-era-t	3	Singular	Indikativ	Plusquamperfekt	Aktiv	hatte gekämpft
dedistis	ded-istis	2	Plural	Indikativ	Perfekt	Aktiv	gabt
habebant	habe-ba-nt	3	Plural	Indikativ	Imperfekt	Aktiv	hatten
pugnant	pugna-nt	3	Plural	Indikativ	Präsens	Aktiv	kämpfen
habebit	habe-b-i-t	3	Singular	Indikativ	Futur 1	Aktiv	wird haben
efficiebatur	effici-e-ba-tur	3	Singular	Indikativ	Imperfekt	Passiv	wurde bewirkt
parabatur	para-ba-tur	3	Singular	Indikativ	Imperfekt	Passiv	wurde bereitet
nuntiarentur	nuntia-re-ntur	3	Plural	Konjunktiv	Imperfekt	Passiv	wurden gemeldet
sperabat	spera-ba-t	3	Singular	Indikativ	Imperfekt	Aktiv	hoffte
regatur	reg-a-tur	3	Singular	Konjunktiv	Präsens	Passiv	wird gelenkt
regerentur	reg-e-re-ntur	3	Plural	Konjunktiv	Imperfekt	Passiv	wurden gelenkt
manebunt	mane-b-u-nt	3	Plural	Indikativ	Futur 1	Aktiv	werden bleiben
habetur	habe-tur	3	Singular	Indikativ	Präsens	Passiv	wird gehabt
facient	faci-e-nt	3	Plural	Indikativ	Futur 1	Aktiv	werden machen

datur	da-tur	3	Singular	Indikativ	Präsens	Passiv	wird gegeben
conaberis	cona-b-e-ris	2	Singular	Indikativ	Futur 1	Deponent	wirst versuchen
opinor	opin(-)o-r	1	Singular	Indikativ	Präsens	Deponent	meine

Der Präsensstamm eines Verbs der a-Konjugation wird regelmäßig von Bindevokal und Endung der 1. Singular -o-r überdeckt. Das ist der Grund, weshalb man Formen der a-Konjugation im Wörterbuch nicht unter einem a-Stammauslaut findet (etwa «*opina-o-r»).

fateor	fate-o-r	1	Singular	Indikativ	Präsens	Deponent	gestehe
audes	aude-s	2	Singular	Indikativ	Präsens	Semideponent	wagst
audeat	aude-a-t	3	Singular	Konjunktiv	Präsens	Semideponent	wagt
tuetur	tue-tur	3	Singular	Indikativ	Präsens	Deponent	schützt
moliris	moli-ris	2	Singular	Indikativ	Präsens	Deponent	unternimmst
videbatur	vide-ba-tur	3	Singular	Indikativ	Imperfekt	Deponent	schien
arbitrarentur	arbitra-re-ntur	3	Plural	Konjunktiv	Imperfekt	Deponent	glaubten
proficisci	proficisc-i			Infintiv	Präsens	Deponent	aufbrechen
videtur	vide-tur	3	Singular	Indikativ	Präsens	Deponent	scheint
dicetur	dic-e-tur	3	Singular	Indikativ	Futur 1	Passiv	wird gesagt werden
invenitur	inveni-tur	3	Singular	Indikativ	Präsens	Passiv	wird gefunden
revocari	revoca-ri			Infintiv	Präsens	Passiv	zurückgerufen werden
traditur	trad-i-tur	3	Singular	Indikativ	Präsens	Passiv	wird überliefert
aluntur	al-u-ntur	3	Plural	Indikativ	Präsens	Passiv	werden genährt
percipiuntur	percipi-u-ntur	3	Plural	Indikativ	Präsens	Passiv	werden wahrgenommen
audiant	audi-a-nt	3	Plural	Konjunktiv	Präsens	Aktiv	hören
observantur	observa-ntur	3	Plural	Indikativ	Präsens	Passiv	werden beachtet
nominabantur	nomina-ba-ntur	3	Plural	Indikativ	Imperfekt	Passiv	wurden genannt
appellari	appella-ri			Infintiv	Präsens	Passiv	genannt werden
traderetur	trad-e-re-tur	3	Singular	Konjunktiv	Imperfekt	Passiv	wurde überliefert
coluntur	col-u-ntur	3	Plural	Indikativ	Präsens	Passiv	werden verehrt
loqui	loqu-i			Infintiv	Präsens	Deponent	sprechen
vereor	vere-o-r	1	Singular	Indikativ	Präsens	Deponent	fürchte
versabitur	versa-b-i-tur	3	Singular	Indikativ	Futur 1	Deponent	wird sich befinden
consequatur	consequ-a-tur	3	Singular	Konjunktiv	Präsens	Deponent	erreicht
hortari	horta-ri			Infintiv	Präsens	Deponent	auffordern
patior	pati-o-r	1	Singular	Indikativ	Präsens	Deponent	lasse zu
complector	complect-o-r	1	Singular	Indikativ	Präsens	Deponent	umfasse
tuebitur	tue-b-i-tur	3	Singular	Indikativ	Futur 1	Deponent	wird schützen
arbitrabuntur	arbitra-b-u-ntur	3	Plural	Indikativ	Futur 1	Deponent	werden glauben
utimur	ut-i-mur	1	Plural	Indikativ	Präsens	Deponent	machen Gebrauch
consequi	consequ-i			Infintiv	Präsens	Deponent	erreichen
conloquimur	conloqu-i-mur	1	Plural	Indikativ	Präsens	Deponent	unterhalten uns
nasci	nasc-i			Infintiv	Präsens	Passiv	geboren werden
mediteris	medit(-)e-ris	2	Singular	Konjunktiv	Präsens	Deponent	denkst nach
consectabitur	consecta-b-i-tur	3	Singular	Indikativ	Futur 1	Deponent	wird verfolgen
utamur	ut-a-mur	1	Plural	Konjunktiv	Präsens	Deponent	machen Gebrauch
audieris	audi-e-ris	2	Singular	Indikativ	Futur 1	Passiv	wirst gehört werden
capior	capi-o-r	1	Singular	Indikativ	Präsens	Passiv	werde genommen
capiar (2)	capi-a-r	1	Singular	Indikativ / Konjunktiv	Futur 1 / Präsens	Passiv	werde genommen werden / werde genommen
amaris	ama-ris	2	Singular	Indikativ	Präsens	Passiv	wirst geliebt
timetur	time-tur	3	Singular	Indikativ	Präsens	Passiv	wird gefürchtet
inveniunt	inveni-u-nt	3	Plural	Indikativ	Präsens	Aktiv	finden
vinceris	vinc-e-ris	2	Singular	Indikativ	Futur 1	Passiv	wirst besiegt werden
capiuntur	capi-u-ntur	3	Plural	Indikativ	Präsens	Passiv	werden genommen

timeor	time-o-r	1	Singular	Indikativ	Präsens	Passiv	werde gefürchtet
capimur	capi-mur	1	Plural	Indikativ	Präsens	Passiv	werden genommen
dari	da-ri			Infinitiv	Präsens	Passiv	gegeben werden
probari	proba-ri			Infintiv	Präsens	Passiv	gut gefunden werden
probabamur	proba-ba-mur	1	Plural	Indikativ	Imperfekt	Passiv	wurden gut gefunden
capiebaris	capi-e-ba-ris	2	Singular	Indikativ	Imperfekt	Passiv	wurdest gefangen genommen
vincentur	vinc-e-ntur	3	Plural	Indikativ	Futur 1	Passiv	werden besiegt werden
dicitur	dic-i-tur	3	Singular	Indikativ	Präsens	Passiv	wird gesagt
fecistis	fec-istis	2	Plural	Indikativ	Perfekt	Aktiv	habt gemacht
capientur	capi-e-ntur	3	Plural	Indikativ	Futur 1	Passiv	werden genommen werden
retineor	retine-o-r	1	Singular	Indikativ	Präsens	Passiv	werde zurückgehalten
superabuntur	supera-b-u-ntur	3	Plural	Indikativ	Futur 1	Passiv	werden übertroffen werden
relinquor	relinqu-o-r	1	Singular	Indikativ	Präsens	Passiv	werde zurückgelassen
retinetur	retine-tur	3	Singular	Indikativ	Präsens	Passiv	wird zurückgehalten
agebar	ag-e-ba-r	1	Singular	Indikativ	Imperfekt	Passiv	wurde getrieben
servabimini	serva-b-i-mini	2	Plural	Indikativ	Futur 1	Passiv	werdet bewahrt werden
superaberis	supera-b-e-ris	2	Singular	Indikativ	Futur 1	Passiv	wirst übertroffen werden
adducemur	adduc-e-mur	1	Plural	Indikativ	Futur 1	Passiv	werden veranlasst werden
ponuntur	pon-u-ntur	3	Plural	Indikativ	Präsens	Passiv	werden gelegt
ponentur	pon-e-ntur	3	Plural	Indikativ	Futur 1	Passiv	werden gelegt werden
valebat	vale-ba-t	3	Singular	Indikativ	Imperfekt	Aktiv	hatte Bedeutung
existumarent (!)	existuma-re-nt	3	Plural	Konjunktiv	Imperfekt	Aktiv	glaubten

Der Stamm *existuma-* ist altlateinisch für *existima-*, bei der Wörterbuchsuche darf man sich also «kein u für ein i vormachen lassen». Weil Sallust den Anachronismus oder Archaismus (also die Überbewertung des Alten) liebt, finden sich solche antiquierten Formen bei ihm regelmäßig.

praebere	praebe-re			Infintiv	Präsens	Aktiv	gewähren
adpetebat	adpet-e-ba-t	3	Singular	Indikativ	Imperfekt	Aktiv	strebte an
inciderat	incid-era-t	3	Singular	Indikativ	Plusquamperfekt	Aktiv	hatte sich ereignet hatte eingeschnitten

Neben der Form *incidere* (mit kurzem i), *sich ereignen, anfallen* gibt es auch noch *incīdere* (mit langem i), *einschneiden*. Beide Formen ähneln sich zum Verwechseln. Der Kontext entscheidet über die richtige Wahl.

exagitabat	exagita-ba-t	3	Singular	Indikativ	Imperfekt	Aktiv	brachte auf
carebat	care-ba-t	3	Singular	Indikativ	Imperfekt	Aktiv	war frei von
egeris (2)	eg-eri-s / eg-er-i-s	2	Singular	Konjunktiv / Indikativ	Perfekt / Futur 2	Aktiv	hast gehandelt / wirst gehandelt haben
egerit (2)	eg-eri-t / eg-er-i-t	3	Singular	Konjunktiv / Indikativ	Perfekt / Futur 2	Aktiv	hat gehandelt / wird gehandelt haben

Grammatisch denkbar wäre bei den beiden letzten Beispielen auch noch 2. bzw. 3. Singular Indikativ Präsens Passiv vom Stamm *ege-, Mangel haben (ege-ris)*, doch lässt sich von diesem Verb kein Passiv bilden, da es intransitiv ist.

defecerant	defec-era-nt	3	Plural	Indikativ	Plusquamperfekt	Aktiv	waren abgefallen
properabant	propera-ba-nt	3	Plural	Indikativ	Imperfekt	Aktiv	eilten
eripiebant	eripi-e-ba-nt	3	Plural	Indikativ	Imperfekt	Aktiv	raubten
fecere (!)	fec-ere	3	Plural	Indikativ	Perfekt	Aktiv	machten

Dass es sich bei *fec-* um einen Perfektstamm von *facere* handelt, ist mit Kenntnis der Verbstämme leicht zu erkennen. Dass die Endung *-ere* dagegen eine Kurzform für *-erunt* ist, solltest du dir gut merken. Denn sonst kann die Endung *-re* zu Verwechslungen mit dem Infinitiv Präsens führen. Ein Infinitiv Perfekt kann diese Form natürlich nicht sein, weil dieser auf *-isse* auslautet. Die Endung *-ere* für die 3. Plural Indikativ Perfekt Aktiv tritt auch schon bei Cicero, nicht nur bei Sallust auf.

cupere	cup-e-re			Infinitiv	Präsens	Aktiv	begehren

Die kurzvokalische i-Konjugation, zu der auch *cupere* (Stamm *cupi-*) gehört, zeigt im Infinitiv Präsens Aktiv das Phänomen der Stammüberdeckung durch den Bindevokal. Da das Stamm-i mitunter sehr kurz ausgesprochen wurde, kann es nach bestimmten Vokalen ganz verschwinden. Vergessen darf man nicht, dass es sich bei dem kurzen *i* ursprünglich um ein konsonantisches *j* handelt.

invasere (!)	invas-ere	3	Plural	Indikativ	Perfekt	Aktiv	drangen ein

Auch hier steht die aus der gesprochenen Sprache stammende Endung *-ere* für die Endung *-erunt*.

crevit	crev-it	3	Singular	Indikativ	Perfekt	Aktiv	wuchs

Ein identischer Perfektstamm *crev-* findet sich bei zwei völlig unterschiedlichen Verben: *cernere, wahrnehmen* und *crescere, wachsen.* Letzteres ist allerdings häufiger.

crescere	cresc-e-re			Infinitiv	Präsens	Aktiv	wachsen
coepit	coep-it	3	Singular	Indikativ	Perfekt	Aktiv	begann/beginnt

coep- ist ein Perfektstamm. Die Formen dieses Stammes können jedoch sowohl als Perfekt als auch als Präsens übersetzt werden (präsentisches Perfekt).

cedere	ced-e-re			Infinitiv	Präsens	Aktiv	gehen
putabant	puta-ba-nt	3	Plural	Indikativ	Imperfekt	Aktiv	glaubten
parare	para-re			Infinitiv	Präsens	Aktiv	bereiten
invasit	invas-it	3	Singular	Indikativ	Perfekt	Aktiv	drang ein
lubet (!)	lube-t	3	Singular	Indikativ	Präsens	Aktiv	steht frei

lubet ist eine altlateinische Form, die so vor allem bei Sallust vorkommt. Die klassische Form lautet *libet*. Auch hier tritt i für u ein.

lugent	luge-nt	3	Plural	Indikativ	Präsens	Aktiv	trauern
venisset	ven-isse-t	3	Singular	Konjunktiv	Plusquamperfekt	Aktiv	war gekommen
reticuisset	reticu-isse-t	3	Singular	Konjunktiv	Plusquamperfekt	Aktiv	hatte geschwiegen
exercebant	exerce-ba-nt	3	Plural	Indikativ	Imperfekt	Aktiv	übten
exquirere (2)	exquir-e-re			Infinitiv	Präsens	Aktiv	erkundigen
		2	Singular	Imperativ	Präsens	Passiv	werde erkundigt (i. S. v. lass dich erkundigen)

Hier sollte die allzu offensichtliche Bestimmung des Infinitivs einmal durch eine besonders abstruse und irritierende zweite Konkurrenzform erschwert werden. Diese ist so in der lateinischen Sprache rein theoretisch und nirgends belegt. Der Imperativ Passiv auf *-re* ist vor allem für Deponentien vorbehalten, wo er dann ja auch als Aktiv übersetzt wird.

proiecerit (2)	proiec-eri-t proiec-er-i-t	3	Singular	Konjunktiv Indikativ	Perfekt Futur 2	Aktiv	hat weggeworfen, wird weggeworfen haben
contendit (2)	contend-i-t contend-it	3	Singular	Indikativ	Präsens Perfekt	Aktiv	kämpft kämpfte
incesserat	incess-era-t	3	Singular	Indikativ	Plusquamperfekt	Aktiv	war eingetreten
accesserat	access-era-t	3	Singular	Indikativ	Plusquamperfekt	Aktiv	war hinzugetreten
excesserant	excess-era-nt	3	Plural	Indikativ	Plusquamperfekt	Aktiv	waren herausgetreten
abdiderunt	abdid-erunt	3	Plural	Indikativ	Perfekt	Aktiv	haben versteckt
prospiciant	prospici-a-nt	3	Plural	Konjunktiv	Präsens	Aktiv	sehen voraus
habuere (!)	habu-ere	3	Plural	Indikativ	Perfekt	Aktiv	hatten

-ere ist eine etwas unsauber ausgesprochene oder «genuschelte» Form der Endung *-erunt*. Von dort wurde sie in die Schriftsprache übertragen.

convenere (!)	conven-ere	3	Plural	Indikativ	Perfekt	Aktiv	kamen zusammen
coaluerint (2)	coalu-eri-nt coalu-er-i-nt	3	Plural	Konjunktiv Indikativ	Perfekt Futur 2	Aktiv	sind zusammengewachsen werden zusammengewachsen sein
certabant	certa-ba-nt	3	Plural	Indikativ	Imperfekt	Aktiv	kämpften
evenerat	even-era-t	3	Singular	Indikativ	Plusquamperfekt	Aktiv	war herausgekommen
reliquerunt	reliqu-erunt	3	Plural	Indikativ	Perfekt	Aktiv	ließen zurück
coniecimus	coniec-imus	1	Plural	Indikativ	Perfekt	Aktiv	warfen nieder
appellasti (!)	appella(v)-(i)sti	2	Singular	Indikativ	Perfekt	Aktiv	hast genannt
existumem (!)	existum(-)e-m	1	Singular	Konjunktiv	Präsens	Aktiv	meine
vixisse	vix-isse			Infinitiv	Perfekt	Aktiv	gelebt haben
vidisse	vid-isse			Infinitiv	Perfekt	Aktiv	gesehen haben
vinxisse	vinx-isse			Infinitiv	Perfekt	Aktiv	gebunden haben

vicisse	vic-isse			Infinitiv	Perfekt	Aktiv	gesiegt haben
audet (!)	aude-t	3	Singular	Indikativ	Präsens	Semidepo-nent	wagt
convocasti (!)	convoca(v)-(i)sti	2	Singular	Indikativ	Perfekt	Aktiv	hast zusammengerufen
quaesisset (!)	quaes(iv)-isse-t	3	Singular	Konjunktiv	Plusquamperfekt	Aktiv	hatte gefragt
conquisierit (2!)	conquisi(v)-eri-t conquisi(v)-er-i-t	3	Singular	Konjunktiv Indikativ	Perfekt Futur 2	Aktiv	suchte zusammen wird zusammen gesucht haben

Bei allen Formen, die auf -sti auslauten kann man sich wegen der unverwechselbaren Form natürlich denken, dass es nur 2. Singular Indikativ Perfekt sein kann. Schwieriger wird es, wenn eine 3. Person auf -it mit dem Stamm verschliffen wird. Auch hierbei blieb zwar «nur» ein v und zuweilen ein i zwischen den schlechten Zähnen des Römers von der Straße hängen, aber Cicero und Sallust lassen es sich nicht nehmen das auch zu übernehmen. Man muss sich schon gut auskennen mit den Perfektstämmen, um das auf Anhieb zu sehen. Manchmal darf man auch auf Hilfen bei der Prüfung hoffen, wie man auf die richtigen Formen kommt.

reddiderunt	reddid-erunt	3	Plural	Indikativ	Perfekt	Aktiv	gaben zurück
appellem	appell(-)e-m	1	Singular	Konjunktiv	Präsens	Aktiv	nenne
dicam (2)	dic-a-m	1	Singular	Indikativ Konjunktiv	Futur 1 Präsens	Aktiv Aktiv	werde sagen sage
suscenseat	suscense-a-t	3	Singular	Konjunktiv	Präsens	Aktiv	zürnt

Die Endungen der Substantive

Numerus	Kasus	a-Deklination ♀	e-Deklination ♀	o-Deklination ♂	o-Deklination n	u-Deklination ♂	3. Deklination ♂ und ♀	3. Deklination n
Singular	Nominativ	-a	-ēs	-us/-er	-um	-us	«Nix»/-is	«Nix»/-e
	Genitiv	-ae	-ei	-ī	-ī	-ūs	-is	-is
	Dativ	-ae	-ei	-ō	-ō	-ui	-ī	-ī
	Akkusativ	-am	-em	-um	-um	-um	-em	«Nix»/-e
	Ablativ	-ā	-ē	-ō	-ō	-ū	-e oder -ī	-e oder -ī
Plural	Nominativ	-ae	-ēs	-ī	-a	-ūs	-ēs	-a oder -ia
	Genitiv	-ārum	-ērum	-ōrum	-ōrum	-uum	-um oder -ium	-um oder -ium
	Dativ	-īs	-ēbus	-īs	-īs	-ibus	-ibus	-ibus
	Akkusativ	-ās	-ēs	-ōs	-a	-ūs	-ēs oder -īs	-a oder -ia
	Ablativ	-īs	-ēbus	-īs	-īs	-ibus	-ibus	-ibus

Zu den Deklinationen gelten weiterhin folgende Regeln:

- Im Nominativ Singular der 3. Deklination sind die Endungen und Stammformen so vielfältig und verschieden, dass es sich nicht lohnt die Regeln dazu zu lernen – *«Nix»*. Erst ab dem Genitiv Singular wird der Stamm erkennbar.
- Die Endung des Neutrum Plural Nominativ und Akkusativ hat immer ein a.
- Für das Neutrum gilt immer die Regel: 1 = 4 (Nominativ = Akkusativ).
- Für alle Deklinationen gilt im Plural die Regel: 3 = 5 (Dativ = Ablativ), für manche auch 1 = 4.
- Personen und Substantive im Ablativ, die Personen umfassen (Gruppen, Völker, Körperschaften) stehen immer mit einer Präposition (*cum, a/ab, de* und *in* sind am häufigsten). Hier gilt der Merkspruch: *Ablativ der Person – nie ohne Präposition!*
- Gegenstände, Zeitangaben, Orte, die der Form nach Dativ oder Ablativ sein können, sind wesentlich häufiger Ablativ.
- Der Genitiv kann im Deutschen immer mit «*von* + Dativ» übersetzt werden.
- Im Wörterbuch findet man ein Substantiv immer unter dem Nominativ Singular. Absolut obligat ist der Blick auf den Genitiv und das Genus zur Bestimmung der Deklinationsklasse.
- Die teilweise unregelmäßig deklinierten Substantive *domus, Haus, vir, Mann*, und *vis, Gewalt*, müssen gesondert gelernt werden. Für Caesar und Sallust kommen noch *iter, Marschroute*, und t*urris, Belagerungsturm*, nur für Caesar *cornu, Heeresflügel, Signalhorn*, dazu.

Die Endungen der Adjektive

Numerus	Kasus	a-Deklination	o-Deklination		3. Deklination	
		♀	♂	n	♂ und ♀	n
Singular	Nominativ	-a	-us oder -er	-um	«Nix» (häufig -is)	«Nix» (häufig -e)
	Genitiv	-ae	-ī	-ī	-is	-is
	Dativ	-ae	-o	-o	-ī	-ī
	Akkusativ	-am	-um	-um	-em	«Nix» (häufig -e)
	Ablativ	-ā	-o	-o	-ī	-ī
Plural	Nominativ	-ae	-ī	-a	-ēs	-ia
	Genitiv	-ārum	-ōrum	-ōrum	-ium	-ium
	Dativ	-īs	-īs	-īs	-ibus	-ibus
	Akkusativ	-ās	-ōs	-a	-ēs oder -īs	-ia
	Ablativ	-īs	-īs	-īs	-ibus	-ibus

Regeln

Unterschiede zur Deklination der Substantive bestehen vor allem in der 3. Deklination:
- Im Nominativ Singular finden sich häufig zweiendige Formen auf -is, -is, -e.
- Der Ablativ Singular der Adjektive ist immer -i (und nicht auch -e)
- Der Nominativ Neutrum Plural ist -ia (und nicht auch -a)
- Der Genitiv Plural aller Genera ist -ium (und nicht auch -um)
- Im Wörterbuch findet man ein Adjektiv immer unter dem Nominativ Singular Maskulinum.

Ausnahmen

Von diesen Regeln weichen ab:
- die Komparative
- wenige seltene Adjektive (v. a. *vetus, alt*)

Sie werden wie die Substantive (Ablativ -e, Nominativ/Akkusativ Plural Neutrum -a, Genitiv Plural -um) dekliniert.

Endigkeit

Sowohl für die KNG-Kongruenz als auch für die Lexikonsuche spielt die Zahl der Endungen im Nominativ Singular eine Rolle:
- dreiendige Adjektive (alle Adjektive der a- und o-Deklination und ganz wenige der 3. Deklination) weisen mindestens im Nominativ Singular für alle drei Genera unterschiedliche Endungen auf.
- zweiendige Adjektive (nur Adjektive der 3. Deklination) haben im Nominativ Singular eine gemeinsame Endung für Maskulinum und Femininum und eine eigene für das Neutrum
- einendige Adjektive (nur Adjektive der 3. Deklination) haben im Nominativ Singular nur eine Endung für alle drei Genera

Substantivierung

Adjektive können substantiviert werden. Sie haben dann nicht die Aufgabe ein anderes Bezugssubstantiv zu beschreiben, sondern vereinen in sich die Eigenschaften eines Substantivs und eines Adjektivs. Man substantiviert in der Regel, indem man das Adjektiv mit einem Artikel versieht (Artikulierung) und groß schreibt. Besonderheiten gelten für:
- das Neutrum Plural
- das Neutrum Singular
- das Maskulinum Plural

Lösungen: Nomen und Pronomen

Dekliniere und übersetze

Kasus	Singular	Übersetzung
Nom.	auctoritas magna	der große Einfluss
Gen.	auctoritatis magnae	des großen Einflusses
Dat.	auctoritati magnae	dem großen Einflusse
Akk.	auctoritatem magnam	den großen Einfluss
Abl.	auctoritate magna	durch großen Einfluss
Kasus	**Plural**	**Übersetzung**
Nom.	auctoritates magnae	die großen Einflüsse
Gen.	auctoritatum magnarum	der großen Einflüsse
Dat.	auctoritatibus magnis	den großen Einflüssen
Akk.	auctoritates magnas	die großen Einflüsse
Abl.	auctoritatibus magnis	durch große Einflüsse

Kasus	Singular	Übersetzung
Nom.	imperator bonus	der gute Feldherr
Gen.	imperatoris boni	des guten Feldherrn
Dat.	imperatori bono	dem guten Feldherrn
Akk.	imperatorem bonum	den guten Feldherrn
Abl.	a/cum imperatore bono	von/mit dem guten Feldherrn
Kasus	**Plural**	**Übersetzung**
Nom.	imperatores boni	die guten Feldherren
Gen.	imperatorum bonorum	der guten Feldherren
Dat.	imperatoribus bonis	den guten Feldherren
Akk.	imperatores bonos	die guten Feldherren
Abl.	a/cum imperatoribus bonis	von/mit den guten Feldherren

Wenn es sich bei dem Substantiv (hier: *imperator*) um eine Person handelt, so gilt hier und im Folgenden die Regel: Ablativ der Person – nie ohne Präposition. *a*, *von*, und *cum*, *mit*, sind zwar nicht die einzigen Präpositionen mit dem Ablativ, aber die häufigsten. Bei anderen Substantiven benutze bitte die Ablativ-Hand (Lehrbuch S. 207).

Kasus	Singular	Übersetzung
Nom.	vir audax	der mutige Mann
Gen.	viri audacis	des mutigen Mannes
Dat.	viro audaci	dem mutigen Manne
Akk.	virum audacem	den mutigen Mann
Abl.	a/cum viro audaci	von/mit dem mutigen Manne
Kasus	**Plural**	**Übersetzung**
Nom.	viri audaces	die mutigen Männer
Gen.	virorum audacium	der mutigen Männer
Dat.	viris audacibus	den mutigen Männern
Akk.	viros audaces	die mutigen Männer
Abl.	a/cum viris audacibus	von/mit den mutigen Männern

Kasus	Singular	Übersetzung
Nom.	frequens senatus	die gut besuchte Senatsversammlung
Gen.	frequentis senatus	der gut besuchten Senatsversammlung
Dat.	frequenti senatui	der gut besuchten Senatsversammlung
Akk.	frequentem senatum	die gut besuchte Senatsversammlung
Abl.	frequenti senatu	in der gut besuchten Senatsversammlung
Kasus	**Plural**	**Übersetzung**
Nom.	frequentes senatus	die gut besuchten Senatsversammlungen
Gen.	frequentium senatuum	der gut besuchten Senatsversammlungen
Dat.	frequentibus senatibus	den gut besuchten Senatsversammlungen
Akk.	frequentes senatus	die gut besuchten Senatsversammlungen
Abl.	frequentibus senatibus	in den gut besuchten Senatsversammlungen

Kasus	Singular	Übersetzung
Nom.	grave crimen	das schwere Verbrechen
Gen.	gravis criminis	des schweren Verbrechens
Dat.	gravi crimini	dem schweren Verbrechen
Akk.	grave crimen	das schwere Verbrechen
Abl.	gravi crimine	durch das schwere Verbrechen
Kasus	**Plural**	**Übersetzung**
Nom.	gravia crimina	die schweren Verbrechen
Gen.	gravium criminum	der schweren Verbrechen
Dat.	gravibus criminibus	den schweren Verbrechen
Akk.	gravia crimina	die schweren Verbrechen
Abl.	gravibus criminibus	durch die schweren Verbrechen

Kasus	Singular	Übersetzung
Nom.	vetus urbs	die alte Stadt
Gen.	veteris urbis	der alten Stadt
Dat.	veteri urbi	der alten Stadt
Akk.	veterem urbem	die alte Stadt
Abl.	vetere urbe	in der alten Stadt
Kasus	**Plural**	**Übersetzung**
Nom.	veteres urbes	die alten Städte
Gen.	veterum urbium	der alten Städte
Dat.	veteribus urbibus	den alten Städten
Akk.	veteres urbis	die alten Städte
Abl.	veteribus urbibus	in den alten Städten

Der Ablativ Singular von *vetus* auf *e* ist kein Druckfehler, sondern eine Ausnahme. Als eines von wenigen Adjektiven bildet *vetus* den Ablativ nach der konsonantischen Deklination. Neben dem Akkusativ Plural *urbis* kann auch *urbes* stehen, aber die kleine Abwechslung dient hier der Erinnerung an die Nebenform. Bei den Pluralformen von *urbs* fällt auch sonst der i-Stamm und die Abweichungen von der konsonantischen Deklination der Substantive auf. Solche Substantive, von denen es nicht wenige gibt, fallen unter die Ausnahmen. Da es bei dieser Übung nicht darum geht, dass du jeden lateinischen Nominalstamm mit sämtlichen Ausnahmen perfekt aktiv bilden kannst, solltest du es schon als Erfolg werten, wenn du starr nach Regel dekliniert hast und dabei ungefähr richtig liegst. Es geht mehr um das Einprägen der Endungen.

Kasus	Singular	Übersetzung
Nom.	res publica	die öffentliche Sache / der Staat
Gen.	rei publicae	der öffentlichen Sache / des Staates
Dat.	rei publicae	der öffentlichen Sache / dem Staate
Akk.	rem publicam	die öffentliche Sache / den Staat
Abl.	re publica	in der öffentlichen Sache / im Staate
Kasus	**Plural**	**Übersetzung**
Nom.	res publicae	die öffentlichen Sachen / die Staaten
Gen.	rerum publicarum	der öffentlichen Sachen / der Staaten
Dat.	rebus publicis	den öffentlichen Sachen / den Staaten
Akk.	res publicas	die öffentlichen Sachen / die Staaten
Abl.	rebus publicis	in den öffentlichen Sachen / in den Staaten

Kasus	Singular	Übersetzung
Nom.	domus nobilis	das adlige Haus
Gen.	domus nobilis	des adligen Hauses
Dat.	domui nobili	dem adligen Hause
Akk.	domum nobilem	das adlige Haus
Abl.	domo nobili	in dem adligen Hause
Kasus	**Plural**	**Übersetzung**
Nom.	domus nobiles	die adligen Häuser
Gen.	domuum/domorum nobilium	der adligen Häuser
Dat.	domibus nobilibus	den adligen Häusern
Akk.	domos nobiles	die adligen Häuser
Abl.	domibus nobilibus	in den adligen Häusern

Kasus	Singular	Übersetzung
Nom.	vis magna	die große Kraft
Gen.	-	-
Dat.	-	-
Akk.	vim magnam	die große Kraft
Abl.	vi magna	mit großer Kraft
Kasus	**Plural**	**Übersetzung**
Nom.	vires magnae	die großen Kräfte
Gen.	virium magnarum	der großen Kräfte
Dat.	viribus magnis	den großen Kräften
Akk.	vires magnas	die großen Kräfte
Abl.	viribus magnis	mit großen Kräften

Kasus	Singular	Übersetzung
Nom.	dies longus	der lange Tag
Gen.	diei longi	des langen Tages
Dat.	diei longo	dem langen Tage
Akk.	diem longum	den langen Tag
Abl.	die longo	am langen Tag
Kasus	**Plural**	**Übersetzung**
Nom.	dies longi	die langen Tage
Gen.	dierum longorum	der langen Tage
Dat.	diebus longis	den langen Tagen
Akk.	dies longos	die langen Tage
Abl.	diebus longis	an langen Tagen

Kasus	Singular	Übersetzung
Nom.	homo sapiens	der weise Mensch
Gen.	hominis sapientis	des weisen Menschen
Dat.	homini sapienti	dem weisen Menschen
Akk.	hominem sapientem	den weisen Menschen
Abl.	a/cum homine sapienti	von/mit einem weisen Menschen
Kasus	**Plural**	**Übersetzung**
Nom.	homines sapientes	die weisen Menschen
Gen.	hominum sapientium	der weisen Menschen
Dat.	hominibus sapientibus	den weisen Menschen
Akk.	homines sapientis	die weisen Menschen
Abl.	a/cum hominibus sapientibus	von/mit weisen Menschen

Auch hier dient die Form *sapientis* im Akkusativ Plural dazu, bei dir die Endung auf *-is* warm zu halten.

Kasus	Singular	Übersetzung
Nom.	senatus Romanus	der römische Senat
Gen.	senatus Romani	des römischen Senates
Dat.	senatui Romano	dem römischen Senat
Akk.	senatum Romanum	den römischen Senat
Abl.	senatu Romano	im römischen Senat
Kasus	**Plural**	**Übersetzung**
Nom.	senatus Romani	die römischen Senatsversammlungen
Gen.	senatuum Romanorum	der römischen Senatsversammlungen
Dat.	senatibus Romanis	den römischen Senatsversammlungen
Akk.	senatus Romanos	die römischen Senatsversammlungen
Abl.	senatibus Romanis	in den römischen Senatsversammlungen

Die Tatsache, dass es nur einen römischen Senat, aber viele römische Senatsversammlungen gab, veranlasste mich dazu, im Plural eine Bedeutungsänderung vorzunehmen.

Kasus	Singular	Übersetzung
Nom.	exercitus fortis	das starke Heer
Gen.	exercitus fortis	des starken Heeres
Dat.	exercitui forti	dem starken Heere
Akk.	exercitum fortem	das starke Heer
Abl.	exercitu forti	mit dem starken Heer
Kasus	**Plural**	**Übersetzung**
Nom.	exercitus fortes	die starken Heere
Gen.	exercituum fortium	der starken Heere
Dat.	exercitibus fortibus	den starken Heeren
Akk.	exercitus fortes	die starken Heere
Abl.	exercitibus fortibus	mit starken Heeren

Kasus	Singular	Übersetzung
Nom.	verbum leve	das unbedeutende Wort
Gen.	verbi levis	des unbedeutenden Wortes
Dat.	verbo levi	dem unbedeutenden Wort
Akk.	verbum leve	das unbedeutende Wort
Abl.	verbo levi	mit einem unbedeutenden Wort
Kasus	**Plural**	**Übersetzung**
Nom.	verba levia	die unbedeutenden Worte
Gen.	verborum levium	der unbedeutenden Worte
Dat.	verbis levibus	den unbedeutenden Worten
Akk.	verba levia	die unbedeutenden Worte
Abl.	verbis levibus	mit unbedeutenden Worten

Kasus	Singular	Übersetzung
Nom.	nobilis adulescens	der adlige junge Mann
Gen.	nobilis adulescentis	des adligen jungen Mannes
Dat.	nobili adulescenti	dem adligen jungen Manne
Akk.	nobilem adulescentem	den adligen jungen Mann
Abl.	a/cum nobili adulescente	von/mit dem adligen jungen Mann
Kasus	**Plural**	**Übersetzung**
Nom.	nobiles adulescentes	die adligen jungen Männer
Gen.	nobilium adulescentum	der adligen jungen Männer
Dat.	nobilibus adulescentibus	den adligen jungen Männern
Akk.	nobiles adulescentes	die adligen jungen Männer
Abl.	a/cum nobilibus adulescentibus	von/mit den adligen jungen Männern

Hier sind mehrere Bedeutungen möglich, da es sich sowohl bei *adulescens* als auch bei *nobilis* um Adjektive handelt, die beide substantiviert werden und zudem beide Geschlechter annehmen können: *der junge Adlige, die adlige junge Frau, die junge Adlige.*

Kasus	Singular	Übersetzung
Nom.	praesens tempus	die gegenwärtige Zeit
Gen.	praesentis temporis	der gegenwärtigen Zeit
Dat.	praesenti tempori	der gegenwärtigen Zeit
Akk.	praesens tempus	die gegenwärtige Zeit
Abl.	praesenti tempore	zur gegenwärtigen Zeit
Kasus	**Plural**	**Übersetzung**
Nom.	praesentia tempora	die gegenwärtigen Zeiten
Gen.	praesentium temporum	der gegenwärtigen Zeiten
Dat.	praesentibus temporibus	den gegenwärtigen Zeiten
Akk.	praesentia tempora	die gegenwärtigen Zeiten
Abl.	praesentibus temporibus	in den gegenwärtigen Zeiten

Kasus	Singular	Übersetzung
Nom.	mors certa	der sichere Tod
Gen.	mortis certae	des sicheren Todes
Dat.	morti certae	dem sicheren Tode
Akk.	mortem certam	den sicheren Tod
Abl.	morte certa	beim sicheren Tod
Kasus	**Plural**	**Übersetzung**
Nom.	mortes certae	die sicheren Tode
Gen.	mortium certarum	der sicheren Tode
Dat.	mortibus certis	den sicheren Toden
Akk.	mortes certas	die sicheren Tode
Abl.	mortibus certis	bei den sicheren Toden

Kasus	Singular	Übersetzung
Nom.	miles armatus	der bewaffnete Soldat
Gen.	militis armati	des bewaffneten Soldaten
Dat.	militi armato	dem bewaffneten Soldaten
Akk.	militem armatum	den bewaffneten Soldaten
Abl.	a/cum milite armato	von/mit dem bewaffneten Soldaten
Kasus	**Plural**	**Übersetzung**
Nom.	milites armati	die bewaffneten Soldaten
Gen.	militum armatorum	der bewaffneten Soldaten
Dat.	militibus armatis	den bewaffneten Soldaten
Akk.	milites armatos	die bewaffneten Soldaten
Abl.	a/cum militibus armatis	von/mit den bewaffneten Soldaten

Kasus	Singular	Übersetzung
Nom.	novus magistratus	der neue Beamte
Gen.	novi magistratus	des neuen Beamten
Dat.	novo magistratui	dem neuen Beamten
Akk.	novum magistratum	den neuen Beamten
Abl.	a/cum novo magistratu	von/mit dem neuen Beamten
Kasus	Plural	Übersetzung
Nom.	novi magistratus	die neuen Beamten
Gen.	novorum magistruum	der neuen Beamten
Dat.	novis magistratibus	den neuen Beamten
Akk.	novos magistratus	die neuen Beamten
Abl.	a/cum novis magistratibus	von/mit den neuen Beamten

Kasus	Singular	Übersetzung
Nom.	magnum periculum	große Gefahr
Gen.	magni periculi	der großen Gefahr
Dat.	magno periculo	der großen Gefahr
Akk.	magnum periculum	die große Gefahr
Abl.	magno periculo	in großer Gefahr
Kasus	Plural	Übersetzung
Nom.	magna pericula	große Gefahren
Gen.	magnorum periculorum	der großen Gefahren
Dat.	magnis periculis	den großen Gefahren
Akk.	magna pericula	die großen Gefahren
Abl.	magnis periculis	in großen Gefahren

Kasus	Singular	Übersetzung
Nom.	hostis communis	der gemeinsame Feind
Gen.	hostis communis	des gemeinsamen Feindes
Dat.	hosti communi	dem gemeinsamen Feinde
Akk.	hostem communem	den gemeinsamen Feind
Abl.	a/cum hoste communi	von/mit dem gemeinsamen Feind
Kasus	Plural	Übersetzung
Nom.	hostes communes	die gemeinsamen Feinde
Gen.	hostium communium	der gemeinsamen Feinde
Dat.	hostibus communibus	den gemeinsamen Feinden
Akk.	hostes communis	die gemeinsamen Feinde
Abl.	a/cum hostibus communibus	von/mit den gemeinsamen Feinden

Kasus	Singular	Übersetzung
Nom.	oppidum proximum	die nächste Stadt
Gen.	oppidi proximi	der nächsten Stadt
Dat.	oppido proximo	der nächsten Stadt
Akk.	oppidum proximum	die nächste Stadt
Abl.	oppido proximo	in der nächsten Stadt
Kasus	Plural	Übersetzung
Nom.	oppida proxima	die nächsten Städte
Gen.	oppidorum proximorum	der nächsten Städte
Dat.	oppidis proximis	den nächsten Städten
Akk.	oppida proxima	die nächsten Städte
Abl.	oppidis proximis	in den nächsten Städten

Kasus	Singular	Übersetzung
Nom.	pugna acris	der heftige Kampf
Gen.	pugnae acris	des heftigen Kampfes
Dat.	pugnae acri	dem heftigen Kampfe
Akk.	pugnam acrem	den heftigen Kampf
Abl.	pugna acri	im heftigen Kampfe
Kasus	Plural	Übersetzung
Nom.	pugnae acres	die heftigen Kämpfe
Gen.	pugnarum acrium	der heftigen Kämpfe
Dat.	pugnis acribus	den heftigen Kämpfen
Akk.	pugnas acres	die heftigen Kämpfe
Abl.	pugnis acribus	in heftigen Kämpfen

Kasus	Singular	Übersetzung
Nom.	imperium Romanum	das römische Reich
Gen.	imperii Romani	des römischen Reiches
Dat.	imperio Romano	dem römischen Reich
Akk.	imperium Romanum	das römische Reich
Abl.	imperio Romano	im römischen Reich
Kasus	Plural	Übersetzung
Nom.	imperia Romana	die römischen Reiche
Gen.	imperiorum Romanorum	der römischen Reiche
Dat.	imperiis Romanis	den römischen Reichen
Akk.	imperia Romana	die römischen Reiche
Abl.	imperiis Romanis	in den römischen Reichen

Zu Übungszwecken beziehe ich mich im Plural ausnahmsweise auch auf andere, nicht mehr unbedingt antike Großreiche, die sich der Bezeichnung *römisches Reich* bedienten.

Kasus	Singular	Übersetzung
Nom.	scelus audax	das gewalttätige Verbrechen
Gen.	sceleris audacis	des gewalttätigen Verbrechens
Dat.	sceleri audaci	dem gewalttätigen Verbrechen
Akk.	scelus audax	das gewalttätige Verbrechen
Abl.	scelere audaci	durch das gewalttätige Verbrechen
Kasus	**Plural**	**Übersetzung**
Nom.	scelera audacia	die gewalttätigen Verbrechen
Gen.	scelerum audacium	der gewalttätigen Verbrechen
Dat.	sceleribus audacibus	den gewalttätigen Verbrechen
Akk.	scelera audacia	die gewalttätigen Verbrechen
Abl.	sceleribus audacibus	durch gewalttätige Verbrechen

Kasus	Singular	Übersetzung
Nom.	bellum civile	der Bürgerkrieg
Gen.	belli civilis	des Bürgerkrieges
Dat.	bello civili	dem Bürgerkriege
Akk.	bellum civile	den Bürgerkrieg
Abl.	bello civili	im Bürgerkrieg
Kasus	**Plural**	**Übersetzung**
Nom.	bella civilia	die Bürgerkriege
Gen.	bellorum civilium	der Bürgerkriege
Dat.	bellis civilibus	den Bürgerkriegen
Akk.	bella civilia	die Bürgerkriege
Abl.	bellis civilibus	in den Bürgerkriegen

Kasus	Singular	Übersetzung
Nom.	dolor acer	der heftige Schmerz
Gen.	doloris acris	des heftigen Schmerzes
Dat.	dolori acri	dem heftigen Schmerz
Akk.	dolorem acrem	den heftigen Schmerz
Abl.	dolore acri	wegen heftigem Schmerz
Kasus	**Plural**	**Übersetzung**
Nom.	dolores acres	heftige Schmerzen
Gen.	dolorum acrium	der heftigen Schmerzen
Dat.	doloribus acribus	den heftigen Schmerzen
Akk.	dolores acres	die heftigen Schmerzen
Abl.	doloribus acribus	wegen heftigen Schmerzen

Kasus	Singular	Übersetzung
Nom.	breve tempus	die kurze Zeit
Gen.	brevis temporis	der kurzen Zeit
Dat.	brevi tempori	der kurzen Zeit
Akk.	breve tempus	die kurze Zeit
Abl.	brevi tempore	in kurzer Zeit
Kasus	Plural	Übersetzung
Nom.	brevia tempora	die kurzen Zeiten
Gen.	brevium temporum	der kurzen Zeiten
Dat.	brevibus temporibus	den kurzen Zeiten
Akk.	brevia tempora	die kurzen Zeiten
Abl.	brevibus temporibus	in kurzen Zeiten

Kasus	Singular	Übersetzung
Nom.	sceleratum facinus	die verbrecherische Tat
Gen.	scelerati facinoris	der verbrecherischen Tat
Dat.	scelerato facinori	der verbrecherischen Tat
Akk.	sceleratum facinus	die verbrecherische Tat
Abl.	scelerato facinore	durch die verbrecherische Tat
Kasus	Plural	Übersetzung
Nom.	scelerata facinora	die verbrecherischen Taten
Gen.	sceleratorum facinorum	der verbrecherischen Taten
Dat.	sceleratis facinoribus	den verbrecherischen Taten
Akk.	scelerata facinora	die verbrecherischen Taten
Abl.	sceleratis facinoribus	durch verbrecherische Taten

Kasus	Singular	Übersetzung
Nom.	scelus atrox	das scheußliche Verbrechen
Gen.	sceleris atrocis	des scheußlichen Verbrechens
Dat.	sceleri atroci	dem scheußlichen Verbrechen
Akk.	scelus atrox	das scheußliche Verbrechen
Abl.	scelere atroci	wegen des scheußlichen Verbrechens
Kasus	Plural	Übersetzung
Nom.	scelera atrocia	die scheußlichen Verbrechen
Gen.	scelerum atrocium	der scheußlichen Verbrechen
Dat.	sceleribus atrocibus	den scheußlichen Verbrechen
Akk.	scelera atrocia	die scheußlichen Verbrechen
Abl.	sceleribus atrocibus	wegen der scheußlichen Verbrechen

Kasus	Singular	Übersetzung
Nom.	corpus mortale	der sterbliche Körper
Gen.	corporis mortalis	des sterblichen Körpers
Dat.	corpori mortali	dem sterblichen Körper
Akk.	corpus mortale	den sterblichen Körper
Abl.	corpore mortali	im sterblichen Körper
Kasus	**Plural**	**Übersetzung**
Nom.	corpora mortalia	die sterblichen Körper
Gen.	corporum mortalium	der sterblichen Körper
Dat.	corporibus mortalibus	den sterblichen Körpern
Akk.	corpora mortalia	die sterblichen Körper
Abl.	corporibus mortalibus	in den sterblichen Körpern

Kasus	Singular	Übersetzung
Nom.	genus novum	die neue Art
Gen.	generis novi	der neuen Art
Dat.	generi novo	der neuen Art
Akk.	genus novum	die neue Art
Abl.	genere novo	von neuer Art
Kasus	**Plural**	**Übersetzung**
Nom.	genera nova	die neuen Arten
Gen.	generum novorum	der neuen Arten
Dat.	generibus novis	den neuen Arten
Akk.	genera nova	die neuen Arten
Abl.	generibus novis	von neuen Arten

Kasus	Singular	Übersetzung
Nom.	ius civile	das bürgerliche Recht
Gen.	iuris civilis	des bürgerlichen Rechts
Dat.	iuri civili	dem bürgerlichen Recht
Akk.	ius civile	das bürgerliche Recht
Abl.	iure civili	nach bürgerlichem Recht
Kasus	**Plural**	**Übersetzung**
Nom.	iura civilia	die bürgerlichen Rechte
Gen.	iurum civilium	der bürgerlichen Rechte
Dat.	iuribus civilibus	den bürgerlichen Rechten
Akk.	iura civilia	die bürgerlichen Rechte
Abl.	iuribus civilibus	nach bürgerlichen Rechten

Kasus	Singular	Übersetzung
Nom.	magnum opus	das große Werk
Gen.	magni operis	des großen Werkes
Dat.	magno operi	dem großen Werk
Akk.	magnum opus	das große Werk
Abl.	magno opere	durch das große Werk
Kasus	**Plural**	**Übersetzung**
Nom.	magna opera	die großen Werke
Gen.	magnorum operum	der großen Werke
Dat.	magnis operibus	den großen Werken
Akk.	magna opera	die großen Werke
Abl.	magnis operibus	durch die großen Werke

Kasus	Singular	Übersetzung
Nom.	grave vulnus	die schwere Wunde
Gen.	gravis vulneris	der schweren Wunde
Dat.	gravi vulneri	der schweren Wunde
Akk.	grave vulnus	die schwere Wunde
Abl.	gravi vulnere	durch die schwere Wunde
Kasus	**Plural**	**Übersetzung**
Nom.	gravia vulnera	die schweren Wunden
Gen.	gravium vulnerum	der schweren Wunden
Dat.	gravibus vulneribus	den schweren Wunden
Akk.	gravia vulnera	die schweren Wunden
Abl.	gravibus vulneribus	durch schwere Wunden

Kasus	Singular	Übersetzung
Nom.	salus publica	das öffentliche Wohl
Gen.	salutis publicae	des öffentlichen Wohls
Dat.	saluti publicae	dem öffentlichen Wohle
Akk.	salutem publicam	das öffentliche Wohl
Abl.	salute publica	mit dem öffentlichen Wohl
Kasus	**Plural**	**Übersetzung**
Nom.	salutes publicae	die öffentlichen Rettungen
Gen.	salutum publicarum	der öffentlichen Rettungen
Dat.	salutibus publicis	den öffentlichen Rettungen
Akk.	salutes publicas	die öffentlichen Rettungen
Abl.	salutibus publicis	durch öffentliche Rettungen

Kasus	Singular	Übersetzung
Nom.	pater noster	unser Vater
Gen.	patris nostri	unseres Vaters
Dat.	patri nostro	unserem Vater
Akk.	patrem nostrum	unseren Vater
Abl.	a/cum patre nostro	von/mit unserem Vater
Kasus	**Plural**	**Übersetzung**
Nom.	patres nostri	unsere Väter
Gen.	patrum nostrorum	unserer Väter
Dat.	patribus nostris	unseren Vätern
Akk.	patres nostros	unsere Väter
Abl.	a/cum patribus nostris	von/mit unseren Vätern

Kasus	Singular	Übersetzung
Nom.	frater meus	mein Bruder
Gen.	fratris mei	meines Bruders
Dat.	fratri meo	meinem Bruder
Akk.	fratrem meum	meinen Bruder
Abl.	a/cum fratre meo	von/mit meinem Bruder
Kasus	**Plural**	**Übersetzung**
Nom.	fratres mei	meine Brüder
Gen.	fratrium meorum	meiner Brüder
Dat.	fratribus meis	meinen Brüdern
Akk.	fratres meos	meine Brüder
Abl.	a/cum fratribus meis	von/mit meinen Brüdern

Kasus	Singular	Übersetzung
Nom.	tua mater	deine Mutter
Gen.	tuae matris	deiner Mutter
Dat.	tuae matri	deiner Mutter
Akk.	tuam matrem	deine Mutter
Abl.	a/cum tua matre	von/mit deiner Mutter
Kasus	**Plural**	**Übersetzung**
Nom.	tuae matres	deine Mütter
Gen.	tuarum matrum	deiner Mütter
Dat.	tuis matribus	deinen Müttern
Akk.	tuas matres	deine Mütter
Abl.	a/cum tuis matribus	von/mit deinen Müttern

Kasus	Singular	Übersetzung
Nom.	propinquus suus	sein/ihr Verwandter
Gen.	propinqui sui	seines/ihres Verwandten
Dat.	propinquo suo	seinem/ihrem Verwandten
Akk.	propinquum suum	seinen/ihren Verwandten
Abl.	a/cum propinquo suo	von/mit seinem/ihrem Verwandten
Kasus	**Plural**	**Übersetzung**
Nom.	propinqui sui	seine/ihre Verwandten
Gen.	propinquorum suorum	seiner/ihrer Verwandten
Dat.	propinquis suis	seinen/ihren Verwandten
Akk.	propinquos suos	seine/ihre Verwandten
Abl.	a/cum propinquis suis	von/mit seinen/ihren Verwandten

Kasus	Singular	Übersetzung
Nom.	vester amicus	euer Freund
Gen.	vestri amici	eures Freundes
Dat.	vestro amico	eurem Freund
Akk.	vestrum amicum	euren Freund
Abl.	a/cum vestro amico	von/mit eurem Freund
Kasus	**Plural**	**Übersetzung**
Nom.	vestri amici	eure Freunde
Gen.	vestrorum amicorum	eurer Freunde
Dat.	vestris amicis	euren Freunden
Akk.	vestros amicos	eure Freunde
Abl.	a/cum vestris amicis	von/mit euren Freunden

Kasus	Singular	Übersetzung
Nom.	rex ipse	der König selbst
Gen.	regis ipsius	des Königs selbst
Dat.	regi ipsi	dem Könige selbst
Akk.	regem ipsum	den König selbst
Abl.	a/cum rege ipso	von/mit dem Könige selbst
Kasus	**Plural**	**Übersetzung**
Nom.	reges ipsi	die Könige selbst
Gen.	regum ipsorum	der Könige selbst
Dat.	regibus ipsis	den Königen selbst
Akk.	reges ipsos	die Könige selbst
Abl.	a/cum regibus ipsis	von/mit den Königen selbst

Kasus	Singular	Übersetzung
Nom.	haec eadem res	diese selbe Sache
Gen.	huius eiusdem rei	von dieser selben Sache
Dat.	huic eidem rei	dieser selben Sache
Akk.	hanc eandem rem	diese selbe Sache
Abl.	hac eadem re	durch diese selbe Sache
Kasus	**Plural**	**Übersetzung**
Nom.	haec eaedem res	diese selben Sachen
Gen.	harum earundem rerum	von diesen selben Sachen
Dat.	his iisdem rebus	diesen selben Sachen
Akk.	has easdem res	diese selben Sachen
Abl.	his iisdem rebus	durch diese selben Sachen

Kasus	Singular	Übersetzung
Nom.	id facinus	diese Tat
Gen.	eius facinoris	von dieser Tat
Dat.	ei facinori	dieser Tat
Akk.	id facinus	diese Tat
Abl.	eo facinore	durch diese Tat
Kasus	Plural	Übersetzung
Nom.	ea facinora	diese Taten
Gen.	eorum facinorum	von diesen Taten
Dat.	eis facinoribus	diesen Taten
Akk.	ea facinora	diese Taten
Abl.	eis facinoribus	durch diese Taten

Kasus	Singular	Übersetzung
Nom.	idem imperator	der selbe Feldherr
Gen.	eiusdem imperatoris	von dem selben Feldherrn
Dat.	eidem imperatori	dem selben Feldherren
Akk.	eundem imperatorem	den selben Feldherren
Abl.	a/cum eodem imperatore	von/mit dem selben Feldherren
Kasus	Plural	Übersetzung
Nom.	iidem imperatores	die selben Feldherren
Gen.	eorundem imperatorum	von den selben Feldherren
Dat.	iisdem imperatoribus	den selben Feldherren
Akk.	eosdem imperatores	die selben Feldherren
Abl.	a/cum iisdem imperatoribus	von/mit den selben Feldherren

Kasus	Singular	Übersetzung
Nom.	iste quaestor	dieser Quästor
Gen.	istius quaestoris	von diesem Quästor
Dat.	isti quaestori	diesem Quästor
Akk.	istum quaestorem	diesen Quästor
Abl.	a/cum isto quaestore	von/mit diesem Quästor
Kasus	Plural	Übersetzung
Nom.	isti quaestores	diese Quästoren
Gen.	istorum quaestorum	von diesen Quästoren
Dat.	istis quaestoribus	diesen Quästoren
Akk.	istos quaestores	diese Quästoren
Abl.	a/cum istis quaestoribus	von/mit diesen Quästoren

Kasus	Singular	Übersetzung
Nom.	ille vir	jener Mann
Gen.	illius viri	von jenem Manne
Dat.	illi viro	jenem Manne
Akk.	illum virum	jenen Mann
Abl.	a/cum illo viro	von/mit jenem Manne
Kasus	Plural	Übersetzung
Nom.	illi viri	jene Männer
Gen.	illorum virorum	von jenen Männern
Dat.	illis viris	jenen Männern
Akk.	illos viros	jene Männer
Abl.	a/cum illis viris	von/mit jenen Männern

Kasus	Singular	Übersetzung
Nom.	ego consul	ich (der) Konsul
Gen.	mei consulis	von mir (dem) Konsul
Dat.	mihi consuli	mir (dem) Konsul
Akk.	me consulem	mich (den) Konsul
Abl.	a/cum me consule	von mir (dem) Konsul
Kasus	Plural	Übersetzung
Nom.	nos consules	wir (die) Konsuln
Gen.	nostri consulum	von uns (den) Konsuln
Dat.	nobis consulibus	uns (den) Konsuln
Akk.	nos consules	uns (die) Konsuln
Abl.	a/cum nobis consulibus	von/mit uns (den) Konsuln

Kasus	Singular	Übersetzung
Nom.	tu ipse	du selbst
Gen.	tui ipsius	von dir selbst
Dat.	tibi ipsi	dir selbst
Akk.	te ipsum	dich selbst
Abl.	a/cum te ipso	von/mit dir selbst
Kasus	Plural	Übersetzung
Nom.	vos ipsi	ihr selbst
Gen.	vestri ipsorum	von euch selbst
Dat.	vobis ipsis	euch selbst
Akk.	vos ipsos	euch selbst
Abl.	a/cum vobis ipsis	von/mit euch selbst

Kasus	Singular	Übersetzung
Nom.	ea res	diese Sache
Gen.	eius rei	von dieser Sache
Dat.	ei rei	dieser Sache
Akk.	eam rem	diese Sache
Abl.	ea re	durch diese Sache
Kasus	**Plural**	**Übersetzung**
Nom.	eae res	diese Sachen
Gen.	earum rerum	von diesen Sachen
Dat.	iis rebus	diesen Sachen
Akk.	eas res	diese Sachen
Abl.	iis rebus	durch diese Sachen

Kasus	Singular	Übersetzung
Nom.	id tempus	diese Zeit
Gen.	eius temporis	von dieser Zeit
Dat.	ei tempori	dieser Zeit
Akk.	id tempus	diese Zeit
Abl.	eo tempore	zu dieser Zeit
Kasus	**Plural**	**Übersetzung**
Nom.	ea tempora	diese Zeiten
Gen.	eorum temporum	von diesen Zeiten
Dat.	iis temporibus	zu diesen Zeiten
Akk.	ea tempora	diese Zeiten
Abl.	iis temporibus	zu diesen Zeiten

Kasus	Singular	Übersetzung
Nom.	qui civis?	welcher Bürger?
Gen.	cuius civis?	von welchem Bürger?
Dat.	cui civi?	welchem Bürger?
Akk.	quem civem?	welchen Bürger?
Abl.	a/cum quo cive?	von/mit welchem Bürger
Kasus	**Plural**	**Übersetzung**
Nom.	qui cives?	welche Bürger?
Gen.	quorum civium?	von welchen Bürgern?
Dat.	quibus civibus?	welchen Bürgern
Akk.	quos cives?	welche Bürger?
Abl.	a/cum quibus civibus?	von/mit welchen Bürgern?

Lösungen: Präpositionen

1. ohne dich

2. von einem anderen

3. durch Gewalt

4. aus dem Tempel

5. aus den Händen

6. in keiner Sache
   Hier steht die Präposition in Klammerstellung zwischen Attribut und Bezugswort.

7. zusammen mit dir
   Bei den Personalpronomen tritt die Präposition ohne Leerzeichen hinter das Pronomen (statt *cum te tecum*).

8. mit Sinn

9. von den meisten

10. zu seinen/ihren Dingen

11. bei allen
    Denke daran, dass Akkusative Plural der 3. Deklination auch auf *-is*, nicht nur auf *-es* auslauten.

12. «in Etrurien hinein», nach Etrurien

13. in Bezug auf diese Dinge, über diese Dinge

14. zusammen mit jenem

15. in die Freundschaft

16. von der Natur selbst

17. von der Armut

18. aus diesen Bemühungen, infolge dieser Bemühungen, seit diesen Bemühungen

19. aus diesem Alter, seit diesem Alter, infolge dieses Alters

20. in Bezug auf seine/ihre Natur

21. in ganz Sizilien
    In Fällen wie diesem steht die Präposition in Klammerstellung.

22. wegen dieser Gründe

23. in einem starken Geist

24. zu diesen Bemühungen, bei diesen Bemühungen
    studia ist so ein lateinisches Allerweltswort wie *res*. Das Bedeutungsspektrum ist so groß, dass man meistens sogar richtig liegt, wenn man rät.

25. in Beziehung auf die Güter des Geistes
    bonis ist substantivierter Ablativ Plural des Neutrum *bona, die guten Dinge, die Güter. animi* ist Genitiv in Klammerstellung.

26. des Verbrechens wegen, wegen des Verbrechens

wegen kann im Deutschen auch vorangestellt werden. Im gehobenen Deutsch gilt der Dativ nach *wegen* allerdings als unzulässig.

27. Gerechtigkeit «in die Götter», Gerechtigkeit gegen die Götter, Gerechtigkeit gegenüber den Göttern

28. in den Tempel des Jupiters

29. der Zeit wegen, wegen der Zeit

30. durch die Provinz

31. wegen diesem Grund, aus diesem Grund

32. in Bezug auf die Ankunft von diesem, über dessen Ankunft, über seine Ankunft

eius ist Genitiv des Personalpronomens und steht hier eingeklammert. Bei Pronomen kann meist mit *von* + Dativ umschrieben werden.

33. zusammen mit den Übrigen

34. in Bezug auf viele Gründe, aus vielen Gründen

Präposition in Klammerstellung, von-Dativierung des Genitivpronomens.

35. wegen diesem Grund, aus diesem Grund

Präposition in Klammerstellung.

36. für eure Rettung, in Anbetracht eurer Rettung

37. in Bezug auf das Leben der Menschen

38. nach dem Tod von diesem

Genitiv in Klammerstellung.

39. in meinen Schmerzen (drin), bei meinen Schmerzen

Nicht oft genug kann man darauf hinweisen, wie wichtig bei der Präposition *in* die Unterscheidung zwischen Richtungsangabe (Akkusativ) und Orts-angabe (Ablativ) ist.

40. in Bezug auf alle Dinge

41. aus allen Dingen, infolge aller Dinge

42. mit der Überlegung des Geistes

animi ist eingeklammert.

43. des Staates wegen, wegen des Staates

44. in den Kreis der Länder (hinein), in den Erdkreis (hinein)

Du kannst dir gar nicht vorstellen wie grundlegend falsch es ist, wenn du hier übersetzst: «in dem Kreis der Länder drin» oder «in dem Erdkreis drin».

45. in unseren Plänen (drin)

46. von den unsterblichen Göttern

47. in die Gemeinschaft des Lebens

Weitab bist du davon, auch nur ansatzweise den Unterschied zwischen *in* mit Akkusativ und *in* mit Ablativ verstanden zu haben, wenn du hier über-setzt hast: «in der Gemeinschaft des Lebens».

48. mit einer edlen jungen Frau

49. zu meinem Cato

50. durch alle menschlichen Dinge, durch alles Menschliche

Adjektive im Neutrum Plural, die kein Bezugswort haben, müssen substantiviert werden, entweder durch Hinzufügung von *Dinge* oder durch Singularisierung.

51. vor den Augen der Bürger

Eingeklammerter Genitiv.

52. in dem alten Sprichwort

53. in diese Meinung (hinein), gegen diese Meinung

Schlimm ist es, wenn du den Unterschied zwischen *in* + Akkusativ und *in* + Ablativ nicht begriffen hast, denn *in* ist leider immer noch eine der größten und vermeidbarsten Fehlerquellen.

54. nicht wegen der Strafe

supplicium kann wegen seiner unterschiedlichen Bedeutungen zuweilen sogar widersprüchlich übersetzt werden: So kann es nebeneinander *Flehen, Strafe, Hinrichtung, Opfer* bedeuten. Ohne Kontext ist im vorliegenden Beispiel natürlich alles möglich.

55. aus seinem/ihrem Wohnsitz und Hause

56. in der Natur der Sterblichen

57. in unserem Staat

58. zum Nutzen von diesen

Genitiv in Klammerstellung muss natürlich wie jedes Genitivattribut im Deutschen nach hinten gestellt werden.

59. durch ein gottloses Verbrechen

60. zu seinen/ihren Beamten

61. aus dem Körper und der Seele

Hier *mit infolge von* oder *seit* zu übersetzen, wäre etwas absurd.

62. in keiner anderen Bürgerschaft

Die Klammerstellung der Präposition verlangt eine Umstellung im Deutschen zu *in nulla alia civitate*. Das entspricht dann meiner Übersetzung.

63. aus der Würde von jenen, infolge der Würde von jenen

Genitivattribute gehören im Deutschen immer hinter das Bezugswort, egal wo sie vorher im Lateinischen gestanden haben.

64. in der Macht der Feinde

65. mit den Hilfen von jenen

Genitiv in Klammerstellung

66. in Bezug auf den Tribunat von Publius Sestius

Auch Namen können als Genitive in Klammerstellung auftreten. Die Form *Sesti* ist ein aus *Sestii* verkürzter Genitiv.

67. zum Nutzen der Bürger

68. durch das höchste Verbrechen

69. in Bezug auf die Sitten des Menschen

mores im Plural kann singularisiert auch *Charakter* bedeuten.

70. aus der Strenge von jenen, infolge der Strenge von jenen

71. wegen der Schwierigkeit

72. in großer Verschuldung

Die Präposition *in* ist hier eingeklammert. *aes alienum* ist ein feststehender Terminus mit der Bedeutung *Schulden, Verschuldung*.

73. «in das nächste Jahr (hinein)», für das nächste Jahr, auf das nächste Jahr

Wenn eine wörtliche Richtungsangabe komisch klingt, muss man Alternativen prüfen. Wichtig ist nur, dass der Sinn einer Richtung oder Bewegung bei der Übersetzung nicht verloren geht. Falsch wäre also vor allem eine Übersetzung wie «im nächsten Jahr»!

74. in die nächste Nacht (hinein), auf die nächste Nacht, zur nächsten Nacht

Der Grund, weshalb ich so nachdrücklich auf die Präposition *in* achte, liegt darin, dass ein erschreckend großer und statistisch konstanter Anteil meiner Prüflinge das nicht hinkriegt und bis in die Prüfung verschlampt.

75. in einem nächtlichen Zusammentreffen

76. in der Launenhaftigkeit des Schicksals

77. in jedem freien Volk

omnis heißt im Singular *jeder* oder *ganz*, im Plural *alle*.

78. in andere geeignete Stellen, an andere geeignete Stellen, zu anderen geeigneten Stellen

Auch hier steht der Akkusativ nicht ohne Grund! Bitte mache dir den Unterschied klar, ob ein präpositionaler Ausdruck auf die Frage *wo?* oder die Frage *wohin?* antwortet.

79. von Beginn des Konsulates (an)

80. in den Gefahren der Freunde

81. zwischen Kindern und Eltern, unter Kindern und Eltern

82. in den Hass oder die Freindschaft (hinein)

in + Akkusativ gibt eine Richtungsangabe an und antwortet auf die Frage *wohin*. In diesem Beispiel könnte jemand in Hass oder Feindschaft hineingeraten.

83. von mehreren Privatleuten

privatus, privat, nicht-staatlich kann zu *Privatmann* substantiviert werden.

84. mit den Sitten und der Natur

85. zur Zusammenkunft von jenen

86. aus den Schmeichlern von diesem

Auch wenn eine grammatisch gesicherte Übersetzung nicht immer auf den ersten Blick Sinn macht, ist es schlimmer sie einem fantasierten Sinn anzupassen und dabei den grammatischen zu verlassen.

87. in den Anblick von jenen

Überlege, warum es hier nicht heißen kann: *im Anblick von diesen*.

88. durch Schwelgerei und Faulheit

89. in einer so großen Vielfalt an Dingen

90. mit bewaffneten Menschen

91. aus den Verschiedenheiten des Nutzens

92. zur gemeinsamen Frucht, zum gemeinsamen Nutzen

93. durch Frauen und Jungfrauen

94. zum Jugendalter von diesem

95. Übereinstimmung in Bezug auf den Staat
Ein präpositionaler Ausdruck als präpositionales Attribut findet sich im Lateinischen anders als im Deutschen nur selten. Hier liegt jedoch ein Beispiel für diesen Fall vor. *de re publica* dient als nähere Bestimmung des Substantivs *consensus*.

96. aus dem Hain der Hennensier
nemus, nemoris n, der Hain, ist ein seltenes Substantiv.

97. aus der unsäglichen Ermordung von jenen, infolge der unsäglichen Ermordung von jenen, seit der unsäglichen Ermordung von jenen

98. zur Schlechtigkeit von jenen

99. bei der Betrachtung der Dinge

100. in der Herrschaft der Optimaten

101. mit einem gewissen Gefühl des Schmerzes

102. mit den Begierden von jenen

103. im Namen des römischen Volkes

104. aus dieser Unordnung und Vermischung, infolge dieser Unordnung und Vermischung

105. ein Kultbild der Diana aus Erz

106. zur Erinnerung des Geistes und des Körpers

107. von jenem Monster und Missgeburt

108. in einem erhabenen und heiligen Tempel
Die Präposition lässt inmitten einer Reihe kongruenter Wörter relativ lange auf sich warten.

109. wegen der Tüchtigkeit und Anständigkeit

110. bis zum Zeitalter des Pythagoras

111. in Bezug auf die Natur der Zeiten und der Dinge

112. in die Gunst mit dem römischen Volk
Bitte *in* mit Akkusativ beachten.

113. bis zum höchsten Alter

114. in den Stolz und die Herrschaft

115. in Bezug auf das Verbrechen und die Ungerechtigkeiten von diesen

116. zu allen geheimsten Plänen von diesen

117. zur Faulheit und den Vergnügungen des Körpers

118. in befriedeten und ruhigen Bürgerschaften

119. in prächtigen Waffen und militärischen Pferden

Die Präposition in mit Ablativ kann auch die Bedeutung *auf* haben. Man darf sie also unter Bezug auf *equis* auch wiederholen: *in prächtigen Waffen und auf militärischen Pferden.*

120. wegen der Schwäche und Armut

121. zum gemeinschaftlichen Krieg aller Völker

Lösungen: Komparation

1. Dies wird euch klarer sein als Licht.

   Der Komparativ Neutrum Singular *clarius* erklärt sich aus dem Pronomen *hoc. luce* ist Ablativus comparationis. Die Form findet man im Wörterbuch unter *lux*.

2. Was erwartest du noch mehr?

   Auch hier kongruieren die Neutra *quid* und *amplius*.

3. Dieser ist redegewandter als weiser.

   Irritierend an diesem Satz ist der doppelte Komparativ, der im Deutschen ungewohnt klingt. Trotzdem müssen beide übersetzt werden.

4. Jene Dinge, welche unbedeutender sind, werde ich übergehen.
   Jenes, was unbedeutender ist, werde ich übergehen.

   Um die Pronomen hier richtig übersetzen zu können, braucht man Kenntnis der Regel von der Substantivierung im Neutrum Plural. *Illa, quae* kann man entweder unter Hinzufügung von *Dinge* oder singularisiert übersetzen.

5. Einen äußerst armen Menschen hat er verurteilt.

   Hier bietet sich wie so oft der Elativ eher als der Superlativ an, weil aus dem Zusammenhang selten eindeutig klar wird, ob es sich wirklich um den «...*sten*» handelt.

6. Die Pächter gaben viel mehr als sie mussten.

7. Fabius war nicht in Waffen hervorragender als in der Toga.

   Die Toga war das Sinnbild der zivilen Politik. Waffen dagegen sind das Symbol des Krieges und der Kriegsführung.

8. Wer nämlich [ist/war] irgendwem feindlicher als [dem] Deiotarus [der] Caesar?

   Hauptproblem besteht hier in der Ellipse von *esse*. Da kein Prädikat auffindbar ist, muss man eine Form von *esse* ergänzen, die man nur aus dem Subjekt erschließen kann. Da das Subjekt *(quis)* singular ist, muss auch die Form von *esse* Singular sein. Zur Auswahl stehen sowohl Präsens als auch Präteritum. Eine Schwierigkeit besteht zudem darin in der Übersetzung die Kasusfunktionen der lateinischen Namen deutlich zu machen. *Deiotaro* ist analog zu *cuiquam* Dativ Singular, Caesar hingegen ist analog zu *quis* Nominativ. Der Sinn ist: *Wer war irgendwem feindlicher gesonnen als Caesar dem Deiotaus (feindlich gesonnen war).*

9. Dieser Bürgerschaft haben unsere Vorfahren besonders großes Ackerland zugestanden.

   Obwohl *maiores* der Form nach als Komparativ von *magnus* erscheint, handelt es sich in dieser substantivierten Form um die feststehende Bezeichnung *Vorfahren. agri* lässt sich zwar wörtlich als *Äcker* übersetzen, genau genommen entspricht der Plural *Äcker* jedoch dem deutschen Singular *Land*. Auch hier passt eher Elativ als Superlativ.

10. Vor dem Tempel auf einem offenen Platz sind zwei besonders schöne Standbilder.

    Als Arbeitsübersetzung steht bei den Studenten häufig *pulcherrima* als Prädikativum: *Die zwei Standbilder sind vor dem Tempel auf einem offenen Platz am schönsten*.
    Grammatisch ist das natürlich nicht falsch, aber umständlich und sinnverzerrend. Am besten fasst man zunächst die beiden präpositionalen Ausdrücke zu einem Satzteilblock (adverbiale Bestimmung) zusammen.

11. Verres zog sich die Feindschaften der reichsten Männer zu.

    Hier passt der Superlativ wegen der rhetorischen Übertreibung besser als der Elativ. Möglich ist beides. Übrigens: Verres war ein verbrecherischer Proprätor auf Sizilien und kein Eber. Hier gilt die lexikalische Regel: Namen von Tieren und exotischen Pflanzen sind im Latinum abwegig.

12. Die überaus bösen und dreckigen Sitten des Verres habt ihr kennengelernt.
    Den sehr unmoralischen und schmutzigen Charakter des Verres kennt ihr.

    Die Schwierigkeiten dieses Satzes hängen eher am Prädikat. *novistis* ist Perfekt zu *noscere, kennenlernen*. In dieser Bedeutung kann es entweder wie in meiner Übersetzung als echtes Perfekt übersetzt werden oder als präsentisches Perfekt. Ein präsentisches Perfekt ist eine Perfektform mit Präsensbedeutung. *novisse* kann neben *kennengelernt haben* auch die Bedeutung *kennen* (präsentisches Perfekt) haben. Ein weiteres Problem bietet die Übersetzung von *mores*, wörtlich *Sitten*. Nach römischer Vorstellung konstituieren die Sitten und Gewohnheiten eines Menschen seinen Charakter. Deshalb wird der Plural *mores* in Verbindung mit Personenbeschreibungen mit dem Singular *Charakter* übersetzt.

13. **Jene Stadt war voller von wunderbaren Standbildern als unsere Stadt.**

Auch wenn eine volle Flasche schwerlich noch voller werden kann ohne überzulaufen, ist das beim Vergleich von Städten schon anders. Aufmerksamkeit verdient hier noch der Genitivus partitivus nach dem Adjektiv *plenus, voll*. Verständlich wird dieser im heute gebräuchlichen Deutsch nur, wenn man sich angewöhnt mit *von* + Dativ zu übersetzen. Im älteren Deutsch ist dagegen «ein Glas voll des Weines» verbreiteter.

14. **Wer war jemals bösartiger, wer verschlagener, wer grausamer?**

Einen Kommentar verdient hier nur der stilistische Aufbau. Wenn ein Satz aus mehreren ähnlich aufgebauten Teilen besteht, spricht man von einem Parallelismus, der am deutlichsten wird, wenn man seine Teile untereinanderschreibt:

quis acerbior,

quis insidiosior,

quis crudelior

Wenn diese Satzteile alle mit dem gleichen Wort beginnen, spricht man von einer Anapher (Wiederholung: *quis ..., quis ..., quis ...*). Wenn zudem die parallele Struktur auch mehrere gleiche Kasusendungen aufweist, spricht man von einem Homoioptoton (Gleichkasus: *...-ior, ...-ior, ...-ior*).

15. **Außerdem führte er von den einfachen Soldaten gerade die besten in die erste Schlachtreihe.**

Dieser Satz von Sallust zeichnet sich durch die besondere Wendung Superlativ + *quisque, gerade die ...sten* aus. Wichtig ist, dass aus einem lateinischen Singular ein deutscher Plural wird. Die Form *optumus* ist übrigens kein Druckfehler, sondern eine typisch sallustianische Variante von *optimus*, wobei das i zu u ablautet.

16. **Der überaus gut besuchte Senat hat meine Standeswürde mit so bedeutenden Worten er konnte geehrt, mein Wohl hat er euch, den Bundesstädten, den Kolonien, allen anvertraut.**

Die Wendung *quibus potuit verbis amplissimis* entspricht hier *quam* + Superlativ + *posse*. Entsprechend habe ich auch übersetzt. Zu *salutem, das Wohl*, ergänze ich im Deutschen *mein* – ein Eingriff, der aus Verständnisgründen jederzeit zulässig ist. Beachte, dass zwei Parataxen, also zwei Hauptsätze, hier locker durch ein Komma aneinandergereiht sind. Sie könnten auch ohne weiteres durch Punkte getrennt sein.

Endungen der regelmäßigen Adverbbildung

Steigerungsstufe	Stämme der a-/o-Deklination	Stämme der 3. Deklination
Positiv	-ē	-ter oder -iter
Komparativ	-ius oder -us	
Elativ/Superlativ	-issim-ē , -errim-ē , -illim-ē	

Merksatz zu allen Komparativen:

«**A**hnungslose **O**mas **e**ssen **3** L**iter vergleich**bar **neutral**en Brat**enius**.»

Bei allen Adjektiven der a- und o-Deklination (also auch den Superlativen) lautet die Endung *-e*. Bei Adjektiven der 3. Deklination lautet die Endung *-(i)ter*. Bei den Komparativen gleicht die Endung der des Neutrums *-ius*.

Übersetzungsdiagramm PPA

Form und Bildung

Präsens-stamm		Bindevokal		Kennsuffix		Endung		Form
adulesc-	+	-e- (bei lang-i, kurz-i, kons.)	+	-nt	+	3. Deklination (im «Nix»-Nominativ 1-endiges Adjektiv auf -ns)	=	Nominativ: adulescens Genitiv: adulescent-is

Übersetzungstechnik

Mit oder ohne kongruentes BZS/implizites Subjekt?

mit KNG-kongruentem BZS/implizitem Subjekt

ohne KNG-kongruentes BZS/implizites Subjekt

homo adulescens
«participium coniunctum (PC)»
attributiv:
1. WDV: ein heranwachsender Mensch
2. relativiert: ein Mensch, der heranwächst/heran-
wuchs,

prädikativ:
3. WUN: ein Mensch heranwachsend
4. subjunktioniert: ein Mensch, während/indem er
heranwächst/heranwuchs
5. präpositioniert: ein Mensch im Heranwachsen /
in der Jugend

adulescens
Substantivierung durch Großschreibung

als Subjekt
1. unbestimmt artikuliert: ein Heranwachsender
2. bestimmt artikuliert: der Heranwachsende

prädikativ:
3. präpositioniert: als Heranwachsender

Lösungen: PPA

Kasus	Dekl. Sg.	Üb.
Nom.	homo sapiens	der verstehende Mensch
Gen.	hominis sapientis	des verstehenden Menschen
Dat.	homini sapienti	dem verstehenden Menschen
Akk.	hominem sapientem	den verstehenden Menschen
Abl.	a/cum homine sapienti	von/mit den verstehenden Menschen
Kasus	**Dekl. Pl.**	**Üb.**
Nom.	homines sapientes	die verstehenden Menschen
Gen.	hominum sapientium	der verstehenden Menschen
Dat.	hominibus sapientibus	den verstehenden Menschen
Akk.	homines sapientes/sapientis	die verstehenden Menschen
Abl.	a/cum hominibus sapientibus	von/mit den verstehenden Menschen

Kasus	Dekl. Sg.	Üb.
Nom.	filia adulescens	die heranwachsende Tochter
Gen.	filiae adulescentis	der heranwachsenden Tochter
Dat.	filiae adulescenti	der heranwachsenden Tochter
Akk.	filiam adulescentem	die heranwachsende Tochter
Abl.	a/cum filia adulescenti	von/mit der heranwachsenden Tochter
Kasus	**Dekl. Pl.**	**Üb.**
Nom.	filiae adulescentes	die heranwachsenden Töchter
Gen.	filiarum adulescentium	der heranwachsenden Töchter
Dat.	filiis adulescentibus	den heranwachsenden Töchtern
Akk.	filias adulescentes/adulescentis	die heranwachsenden Töchter
Abl.	a/cum filiis adulescentibus	von/mit den heranwachsenden Töchtern

Kasus	Dekl. Sg.	Üb.
Nom.	tempus fugiens	die fliehende Zeit
Gen.	temporis fugientis	der fliehenden Zeit
Dat.	tempori fugienti	der fliehenden Zeit
Akk.	tempus fugiens	die fliehende Zeit
Abl.	tempore fugienti	in der fliehenden Zeit
Kasus	**Dekl. Pl.**	**Üb.**
Nom.	tempora fugientia	die fliehenden Zeiten
Gen.	temporum fugientium	der fliehenden Zeiten
Dat.	temporibus fugientibus	den fliehenden Zeiten
Akk.	tempora fugientia	die fliehenden Zeiten
Abl.	temporibus fugientibus	in den fliehenden Zeiten

1. Diesen hörten sie vorher, nun sehen sie ihn anwesend.

   praesentem bezieht sich noch auf *hunc*. Man könnte *hunc* also auch im zweiten Satzabschnitt noch einmal ergänzen, dann wird auch meine Übersetzung von *praesentem* als Prädikativum deutlicher. Es beschreibt *hunc* in dem Zustand, wenn er gesehen wird. Die Übersetzung «nun sehen sie den Anwesenden» ist unelegant, weil der Eindruck entsteht als handle es sich bei *hunc* und *praesentem* um zwei unterschiedliche Objekte.

2. einen Anwalt in echten Fällen und einen herausragenden Schriftsteller

   Hierbei handelt es sich lediglich um einen Textbaustein, keinen vollständigen Satz. Das PPA wird hier schon allein in Ermangelung eines Prädikates als reines Eigenschaftsattribut gebraucht. In meiner Übersetzung entscheide ich mich für die ganz wörtlich-deklinierte Übersetzung, weil diese auch dem Deutschen entspricht. Möglich ist daneben ein Relativsatz: *einen Schriftsteller, der herausragt*. Abwegig ist übrigens in *veris* einen eingeklammerten Genitiv von *ver, Frühling*, zu sehen. Die Übersetzung in den Fällen des Frühlings ist grammatisch zwar möglich, inhaltlich jedoch unciceronisch.

3. Die Seele entwich, während (gemeint: wobei) sie mich nicht im Stich ließ, sondern zurückblickte.

   Hier beschreiben die Verbaladjektive den Zustand der Seele während des Zurückweichens. Es handelt sich also um Prädikativa. Daher entscheide ich mich für die Übersetzung durch einen Konjunktionalsatz. *wobei* passt hier besser als die Standardkonjunktion *während*.

4. Diese ist die aus aller Ewigkeit fließende ewige Wahrheit.
   Dies ist die immerwährende Wahrheit, die seit aller Ewigkeit fließt.

   Die Schwierigkeit bei diesen Sätzen besteht in der großen Auswahl kongruenter Wörter. Am Besten beginnt man immer mit dem Prädikat. Das Prädikat ist *est*. Daraus kann ich gleichzeitig auf den Numerus des Subjekts (Singular) schließen. Als Subjekt kommt meist ein Substantiv in Frage. Naheliegend ist daher *veritas, Wahrheit*. Nach jeder Form von *esse* muss deine zweite Reaktion das Aufsuchen des Prädikativums sein (also des «Prädikatsnomens»). Dies steht im gleichen Kasus wie das Subjekt und ist syntaktisch auch Teil des Subjektes, übersetzt wird es jedoch wörtlich-undekliniert. Oft ist es in der Nähe des Prädikates aufzufinden. Hier bietet sich an: *ea, diese*, undekliniert *dies*. Unter Belassung der Stellung fertige ich nun eine Zwischenübersetzung an: *Dies ist die Wahrheit*. Nun folgt der Einbau der kongruenten Formen. Hier nehme ich mir zunächst das PPA *fluens* vor und übersetze als Relativsatz: *die fließt*. Zum PPA ziehe ich nun den präpositionalen Ausdruck *ex omni aeternitate* hinzu: *die aus* (oder zeitlich *seit*) *aller Ewigkeit fließt*. Nun fehlt nur noch das letzte Eigenschaftsattribut *sempiterna, immerwährend*. Eigenschaftsattribute stehen im Deutschen immer vor dem Bezugswort: *die immerwährende Wahrheit*.

5. Catilina haben wir rasend, schnaubend, drohend aus der Stadt geworfen.
   Catilina haben wir, während er raste, schnaubte, drohte, aus der Stadt geworfen.

   In meiner ersten Arbeitsübersetzung irritiert die Doppeldeutigkeit der wörtlich undeklinierten PPAs. Grund dafür ist, dass die deutschen Formen *rasend, schnaubend, drohend* auch einen Bezug auf das Subjekt (*wir*, Nominativ) und nicht nur (wie im Lateinischen) auf das Objekt (*Catilina*, Akkusativ) zulassen. Das ist bei der wörtlich-undeklinierten Übersetzung immer so. Deshalb empfiehlt sich mein zweiter Vorschlag, weil dieser den Bezug der PPAs eindeutig werden lässt.

6. Bekannt ist die verbrecherische Unverschämtheit des Marcus Antonius, der einen ungerechten Krieg führt.

   Auch in diesem Satz gilt: In Verbindung mit *esse* benötigt man Subjekt und Prädikativum. Als Subjekt bietet sich *audacia, Unverschämtheit*, an, weil es als einziges Substantiv im Nominativ steht. Als Prädikatsattribut wähle ich *nota, bekannt*, weil es in der Nähe des Prädikates steht. Wer *nota, Zeichen*, als Substantiv aus dem Wörterbuch raussucht, hat nicht genau genug hingeschaut. Als Satzgerüst steht nun unter Belassung der natürlichen Wortstellung: *Bekannt ist die Unverschämtheit*. Dazu tritt nun ein Genitivattribut aus einem Substantiv und einem erweiterten PPA: *M. Antonii nefarium bellum gerentis*. Zunächst übersetze ich nur Substantiv und PPA (in Form eines Relativsatzes): *des Marcus Antonius, der führt*. Anschließend ergänze ich das Objekt zum Partizip *gerentis*: *des Marcus Antonius, der einen verbrecherischen Krieg führt*. Abgerundet wird die Arbeitsübersetzung schließlich durch Einfügung des Eigenschaftsattributes *scelerata, verbrecherisch, zu audacia*.

7. Viele gingen diesem entgegen, während er von der Provinz abzog und den Konsulat anstrebte.

   Das Subjekt ist hier das substantivierte Adjektiv *multi, viele. obviam ire* heißt *entgegen gehen* und steht mit dem Dativ. Die PPAs übersetzt man am besten durch einen Konjunktionalsatz.

8. Wenn ich mir aber den Lentulus vorgestellt habe, während er den Staat regierte, kriege ich Angst.

   cum ist hier eine Konjunktion mit dem Indikativ in der Bedeutung *wenn*. Objekt zu *proposui* ist *regnantem ... Lentulum* und Objekt zu *regnantem* ist *rem publicam*.

9. Also wird dies ein altgedienter Soldat tun können, ein gelehrter und weiser Mann wird (es) nicht können?

   haec ist ein substantiviertes Demonstrativpronomen im Akkusativ Neutrum Plural. Das erkennt man daran, dass es alleine steht. In meiner Übersetzung habe ich es singularisiert. *doctus* und *sapiens* sind zwar beides Partizipien, am besten lassen sie sich jedoch als schlichte Adjektive übersetzen.

10. Die Mauern der Stadt stehen noch und bleiben und diese selbst, während sie schon die äußersten Verbrechen fürchten.
Freier: Die Mauern der Stadt stehen noch und bleiben stehen und das, obwohl sie selbst schon vor den äußersten Verbrechen erzittern.

Probleme bei der Übersetzung bereitet die Wiederaufnahme des Subjektes mit *iique ipsi, diese selbst.* Ich empfehle zunächst erstmal wörtlich zu bleiben, auch wenn sich die Übersetzung dann unbefriedigend anhört.

11. Süß also ist die Art der Rede und gelöst und fließend, in den Formulierungen klar, in den Worten klingend.

Die wörtlich gehaltene Übersetzung klingt hier am schönsten. Deshalb habe ich die Partizipien nicht aufgelöst um die Abfolge mit anderen, normalen Adjektiven nicht zu sehr durch Nebensätze zu zerstückeln. Denke an die KNG-Kongruenz von Subjekt *(genus)* und Prädikatsattribut *(dulce)* im Neutrum. Weitere Prädikativa schließen sich erst hinter dem Subjekt an: *solutum, affluens, argutum, sonans.* Sie habe ich alle wörtlich-undekliniert übersetzt.

12. Milo hat sich einem Konsul anvertraut, der alles hört, Großes fürchtet, vieles erwartet, einiges glaubt.

se tradere, sich anvertrauen, steht hier mit dem Dativ. Dieser Dativ ist nun durch eine parallele Aufzählung von attributiven PPAs näher beschrieben, die ich als Relativsätze übersetze.

13. Die Augen und Ohren von vielen werden dich, auch während du es nicht merkst, so wie sie es bisher taten, sehen und bewachen.

Der Satz beginnt mit einem Genitivattribut, das niemals allein stehen kann. Mein nächster Schritt ist also das Aufsuchen des Bezugswortes. Dieses steht, anders als im Deutschen, häufig hinter einem Genitivattribut (hier also *oculi et aures*). Anschließend werfe ich einen Blick auf die Prädikate *videbunt, custodient.* Sie verlangen nach einem Objekt im Akkusativ, hier *te.* Die PPAs stehen dazu kongruent und prädikativ. Deshalb übersetze ich mit *während.*

14. Ihr habt alle Stände, alle Menschen, das gesamte römische Volk, das ein und dasselbe denkt.

Im Anschluss an das Prädikat *habetis* folgt hier eine ganze Aufzählung von Objekten, deren Zustand zum Schluss noch durch das erweiterte Partizip *unum atque idem sentientem* näher beschrieben wird. Trotzdem passt hier die Übersetzung durch einen Relativsatz und nicht durch einen Konjunktionalsatz ganz gut.

15. So ließ Mithridates, während er floh, eine gewaltig große Menge von Gold und von Silber und von allen schönsten Dingen zurück.

Interesse verdient hier weniger das PPA, das ich locker mit einem Konjunktionalsatz an sein Bezugswort *(Mithridates)* anhänge, als vielmehr der Ausdruck *maximam vim auri atque argenti* usw. *vis, das du als Kraft, Gewalt* kennen gelernt hast, hat hier die Bedeutung *Menge. maximam* behandle ich als Elativ. Anschließend folgt ein Genitivattribut, das die Antwort auf die Frage nach der Menge «von was» oder «an was» gibt (Genitivus partitivus). Siehe dazu auch das Kapitel Kasusfunktionen.

16. Aber der Streit ist so lange weise wie (lange) er entweder etwas nützt, oder, wenn er nicht nützt, nicht dem Staat schadet.

Wer hier sorgfältig der Reihe nach übersetzt, sollte eigentlich keine Schwierigkeiten haben. Wichtig sind die vielen kleinen Adverbien und Konjunktionen, die du möglichst bald in dein Vokabelrepertoire aufnehmen solltest. Dazu gehören *tam diu ... quam diu ..., so lange ... wie ...* und die Doppelkonjunktion *aut ... aut ... entweder ... oder ...* Das PPA ist hier reines Eigenschaftsattribut und zudem in adjektivischer Bedeutung.

17. uns, die wir allzu sehr überquellen und übermäßig schäumen in einer gewissen jugendlichen Dreistigkeit und Zügellosigkeit und gewissermaßen über die Ufer fließen

Auch bei dieser Übung handelt es sich nicht um einen ganzen Satz, sondern um ein riesiges Akkusativobjekt-Versatzstück. Abhängig ist alles von dem einzigen substantivisch brauchbaren Bezugswort *nos, wir.* Daran schließen sich KNG-kongruent drei PPAs an: *redundantes, fluentes, diffluentes.* Diese sind ihrerseits durch adverbiale Bestimmungen näher beschrieben. Am einfachsten macht man es sich, indem man jedes dieser PPAs als Relativsatz anschließt. In Ermangelung eines Prädikates stehen sie ohnehin eher als Eigenschaftsattribute. Dann muss man nur noch die Adverbien einfügen. *iuvenili quadam impunitate et licentia* ist ein komplexer Ablativ des Grundes oder der Art und Weise. Ich übersetze ihn mit der Präposition *in.* Möglich wäre auch *von.* Cicero benutzt hier das Stilmittel der Redundanz (Überfluss), um genau dieses Phänomen zu beschreiben: eine Häufung von Wörtern, die ähnlich klingen und gleiches bedeuten.

Übersetzungsdiagramm PPP

Form und Bildung

Stamm		Kennsuffix		Endung
	+		+	
doc		-t- / -s-		-us, -a, -um (a-/o-Deklination)

	Form
=	
	doctus, docta, doctum

Übersetzungstechnik

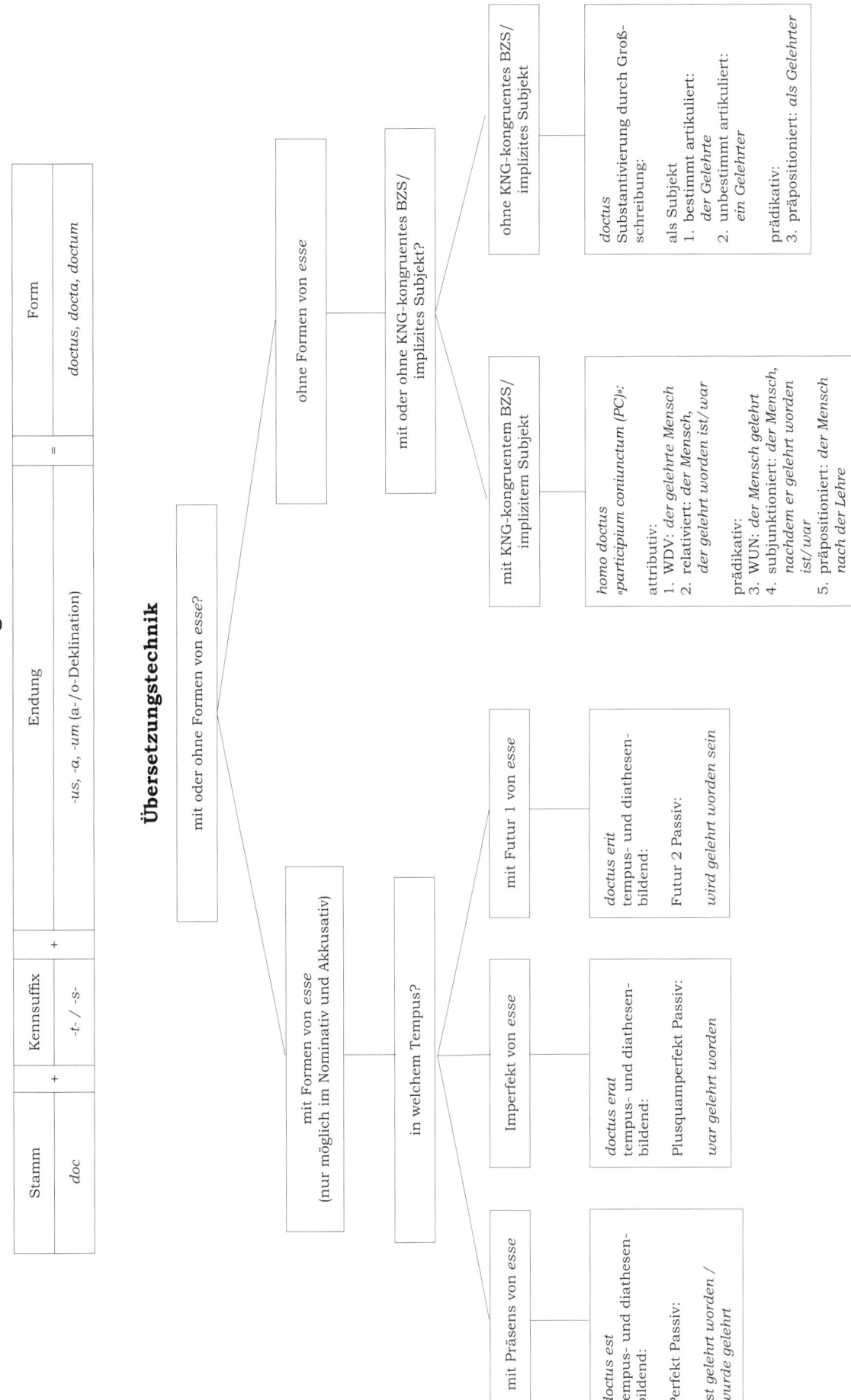

mit oder ohne Formen von *esse?*

ohne Formen von *esse*

mit oder ohne KNG-kongruentes BZS/ implizites Subjekt?

ohne KNG-kongruentes BZS/ implizites Subjekt

doctus
Substantivierung durch Groß-schreibung:

als Subjekt
1. bestimmt artikuliert: *der Gelehrte*
2. unbestimmt artikuliert: *ein Gelehrter*

prädikativ:
3. präpositioniert: *als Gelehrter*

mit KNG-kongruentem BZS/ implizites Subjekt

homo doctus
"*participium coniunctum (PC)*":

attributiv:
1. WDV: *der gelehrte Mensch*
2. relativiert: *der Mensch, der gelehrt worden ist/war*

prädikativ:
3. WUN: *der Mensch gelehrt*
4. subjunktioniert: *der Mensch, nachdem er gelehrt worden ist/war*
5. präpositioniert: *der Mensch nach der Lehre*

mit Formen von *esse*
(nur möglich im Nominativ und Akkusativ)

in welchem Tempus?

mit Präsens von *esse*

doctus est
tempus- und diathesen-bildend:

Perfekt Passiv:
ist gelehrt worden / wurde gelehrt

Imperfekt von *esse*

doctus erat
tempus- und diathesen-bildend:

Plusquamperfekt Passiv:
war gelehrt worden

mit Futur 1 von *esse*

doctus erit
tempus- und diathesen-bildend:

Futur 2 Passiv:
wird gelehrt worden sein

Lösungen: PPP

Kasus	Dekl. Sg.	Üb.
Nom.	mulier occisa	die getötete Frau
Gen.	mulieris occisae	der getöteten Frau
Dat.	mulieri occisae	der getöteten Frau
Akk.	mulierem occisam	die getötete Frau
Abl.	a/cum muliere occisa	von/mit der getöteten Frau

Kasus	Dekl. Pl.	Üb.
Nom.	mulieres occisae	die getöteten Frauen
Gen.	mulierum occisarum	der getöteten Frauen
Dat.	mulieribus occisis	den getöteten Frauen
Akk.	mulieres occisas	die getöteten Frauen
Abl.	a/cum mulieribus occisis	von/mit den getöteten Frauen

Kasus	Dekl. Sg.	Üb.
Nom.	orator perfectus	der vollendete Redner
Gen.	oratoris perfecti	des vollendeten Redners
Dat.	oratori perfecto	dem vollendeten Redner
Akk.	oratorem perfectum	den vollendeten Redner
Abl.	a/cum oratore perfecto	von/mit dem vollendeten Redner

Kasus	Dekl. Pl.	Üb.
Nom.	oratores perfecti	die vollendeten Redner
Gen.	oratorum perfectorum	der vollendeten Redner
Dat.	oratoribus perfectis	den vollendeten Rednern
Akk.	oratores perfectos	die vollendeten Redner
Abl.	a/cum oratoribus perfectis	von/mit den vollendeten Rednern

Kasus	Dekl. Sg.	Üb.
Nom.	scelus commissum	das begangene Verbrechen
Gen.	sceleris commissi	des begangenen Verbrechens
Dat.	sceleri commisso	dem begangenen Verbrechen
Akk.	scelus commissum	das begangene Verbrechen
Abl.	scelere commisso	durch das begangene Verbrechen

Kasus	Dekl. Pl.	Üb.
Nom.	scelera commissa	die begangenen Verbrechen
Gen.	scelerum commissorum	der begangenen Verbrechen
Dat.	sceleribus commissis	den begangenen Verbrechen
Akk.	scelera commissa	die begangenen Verbrechen
Abl.	sceleribus commissis	durch die begangenen Verbrechen

1. Der Fall ist besprochen worden.
   Die Gerichtsrede ist gehalten worden.
   Der Grund ist genannt worden.
   Ich biete hier mehrere Übersetzungen an, die sich im Sinn durchaus unterscheiden, weil ohne Kontext nahezu alle Varianten grammatisch möglich und auch richtig sind.

2. Allein du bist gefunden worden.
   solus gehört zu den Pronominaladjektiven, die besonders häufig prädikativ verwendet werden. Deshalb auch die wörtlich-undeklinierte Übersetzung. Die Übersetzung als Attribut *(Du, der einzige, bist gefunden worden.)* ist unschön. Wer *repertus* nicht auf Anhieb gefunden hat, sollte mal unter *reperire, finden,* bzw. *reperio* nachschlagen.

3. Warum also sind wir besiegt worden?

4. Was jenen, wenn sie besiegt worden sein werden?
   Der Ausdruck *quid illis* (Dativ) ist phraseologisch und darf ruhig etwas freier übersetzt werden, etwa: *Was ist mit jenen?* Das entfernt sich zwar vom Dativ, ist aber leichter verständlich. Es ist anzunehmen, dass hinter *illis* ein Verb wie *fit (geschieht)* hinzuzudenken ist, also etwa: *Was geschieht jenen, wenn ...*

5. Ausgedacht worden waren Ehrungen.
   Dieser Satz klingt wörtlich etwas merkwürdig, lässt sich aber kaum anders wiedergeben.

6. Der Bruder wurde ebenfalls getötet.

7. Dieses wird von euch gut gefunden worden sein.
   Möglich ist statt *gut finden* auch *prüfen* oder andere Bedeutungen von *probare*.

8. So wurde der Kampf wiederaufgenommen.

9. Was ist also vorgeschlagen worden?

10. Heilige Dinge sind beschmutzt und beschädigt worden.

11. der eine, nachdem er zurückgelassen worden ist, der andere, nachdem er provoziert worden ist
    Dies ist das erste Übungsbeispiel, in dem das PPP nicht prädikativ mit *esse* vorkommt. In diesem Fall solltest du also daran gedacht haben das PPP durch einen Nebensatz aufzulösen.

12. Nicht durch die Tatsache bist du geleitet worden, sondern durch die Meinung.
    In einer freieren Übersetzung könnte man das Perfekt Passiv hier auch mit dem deutschen Reflexiv wiedergeben: Nicht durch Tatsachen (Pl.) hast du dich leiten lassen, sondern durch Meinungen (Pl.).

13. Nichts ist mir eher gezeigt worden.
    Prius ist hier Adverb.

14. Eine Plünderung der Staatskasse ist nicht begangen worden.
    aerari von *aerarium* ist kein Druckfehler, obwohl man als Genitiv Singular *aerarii* erwarten würde. Auch im klassischen Latein wird doppeltes i nach Nomen der o-Deklination mit dem Ausgang *-ius* öfters zu i. *peculatus* ist natürlich kein PPP, sondern ein Substantiv der u-Deklination, die im Nominativ häufig mit den PPPs formengleich sind. *facere, tun, machen* habe ich hier freier übersetzt.

15. In diesen Dingen wird ein Verdacht gefunden worden sein.
    Neben der Standardübersetzung «Dinge» kann man für *res* auch mal seiner Phantasie freien Lauf lassen. Gut passen je nach Zusammenhang zum Beispiel auch: *Angelegenheit, Situation, Fall, Tatsache, Umstand* oder sogar *Zeit* und *Welt*.

16. Später wurde von mir ganz Asien durchwandert.
    Post ist hier nicht Präposition sondern Adverb, wie immer, wenn sich kein Bezugswort findet.

17. Ausgewählt worden bin ich von der gesamten Provinz.

18. Das Beispiel von diesen wurde unten beschrieben.

19. Sofortige Hilfe von diesem wurde gebracht.

   Dass ich *praesens* hier nicht mit *gegenwärtig, anwesend,* sondern mit *sofortig* übersetze, dient der besseren Herausarbeitung des Sinnes. Möglich sind also auch andere Bedeutungen.

20. Sie werden ins Gefängnis eingeschlossen, nachdem sie verurteilt worden sind.

   Ein zweites Beispiel für ein Prädikativum ohne *esse,* dafür hier mit dem Prädikat *includuntur.* Daher bietet sich der Konjunktionalsatz mit *nachdem* an, um den zeitlichen Umstand des Subjektes wiederzugeben. Daneben wäre auch Substantivierung möglich: *Die Verurteilten werden in den Kerker gesperrt.*

21. Eine große Zahl von diesen ist getötet worden.

22. Eine Aufmischung des ganzen Heeres ist gemacht (verursacht) worden.

23. Unzählige Gelder sind erpresst worden.

   cogere kann viele Bedeutungen haben, so auch *ansammeln,* was neben *erpressen* ebenfalls in diesen Zusammenhang passt.

24. jener Schandfleck, der im Mithridatischen Kriege zugezogen wurde

25. Die Namen der Söhne wurden wegen Vatermordes zur Anzeige gebracht.

26. So zog ich mich zwei Jahre später nahezu verändert zurück.

   Die wörtlich-undeklinierte Übersetzung des prädikativen PPPs klingt in diesem Satz am griffigsten. Auch hier ist *post* nicht Präposition, sondern Adverb.

27. Du bist ihm, ich weiß nicht, auf welche Weise, zum Freund gemacht worden.

   In Verbindung mit dem Passiv von *facere* ist meistens ein Prädikativum zu erwarten, das beschreibt «zu was» jemand gemacht wird (hier also *familiaris*). Der Einschub *nescio, quo modo* bleibt am besten wörtlich und stellungsgetreu übersetzt – dann klappt die Übersetzung am besten.

28. In der Freundschaft ist nichts erlogen, nichts vorgetäuscht.

   Meine Übersetzung weicht hier eklatant von der Regel ab, die ich dir beigebracht habe: In Verbindung mit *esse* muss zum PPP im Deutschen *worden* hinzugefügt werden. Die Ausnahme in diesem Fall hat schlicht und einfach damit zu tun, dass es sich um eine allgemeine Aussage handelt, die auch noch für die Gegenwart Gültigkeit besitzt. Man spricht in einem solchen Fall von einem sogenannten Zustandspassiv. Wenn du hier jedoch regelkonform übersetzt, reißt dir niemand den Kopf ab.

29. Was dann? Was so getan worden sein wird, wird dieses Gesetz sein?

30. ein Tag, der gut und infolge deiner Vorschriften verbracht worden ist

   Das PPP wird hier durch zwei adverbiale Bestimmungen modifiziert.

31. die Segestaner, nachdem sie durch viele Übel und große Furcht besiegt worden sind

   Auch hier handelt es sich nicht um einen unvollständigen Satz, sondern um einen Subjektbaustein mit PPP-Attribut.

32. Getötet wurde mit seinen Kindern Marcus Fulvius, der Konsular.

33. Nichts ist nämlich zugleich sowohl erfunden als auch vollendet worden.

   Beachte hier die Doppelkonjunktion *et ... et ... sowohl ... als auch ...* Sie liegt nicht bei jedem doppelten *et* vor, sondern nur, wenn vor dem ersten *et* kein weiterer verknüpfter Satzteil steht. Sonst muss auch bei mehrfachem *et* immer mit *und* übersetzt werden.

34. Diese Dinge sind von diesen gefunden, diskutiert, niedergeschrieben worden.

   Subjekt ist hier ein substantiviertes Pronomen im Neutrum Plural.

35. Auf diese Dinge, welche von uns gesagt worden sein werden, werden sie antworten.

   respondere ad kann man auch mit *Stellung nehmen zu* übersetzen.

36. Nachdem er durch dieses Gesetz angeklagt worden war, wurde er auf das ehrenvollste freigesprochen.

   Das erste PPP hat die Funktion eines Prädikativums ohne *esse* zu einem Subjekt, das im Prädikat steckt *(est absolutus – er wurde freigesprochen).* Das Adverb *honestissime* übersetze ich hier mit dem Superlativ. Doch auch gegen einen Elativ ist natürlich selten etwas einzuwenden.

37. **Alle Dinge, die falsch und boshaft erlogen worden waren, wurden in Erfahrung gebracht.**

comperta kommt von *comperire, in Erfahrung bringen*. Das PPP *ficta* erfüllt hier die Funktion eines Attributes zu *omnia* – daher der Relativsatz.

38. **Ich schickte an dich einen Brief, weil er gut geschrieben war.**

Auch hier verzichte ich auf Hinzufügung von *worden*, weil auch im Deutschen das Zustandspassiv hier gut passt.

39. **eine kranke Frau, die sowohl am Körper als auch an der Seele fertig gemacht worden ist**

Beachte, dass es sich um einen Objektbaustein handelt, nicht um einen ganzen Satz. Die etwas umgangssprachliche Übersetzung *fertig machen* für *conficere* entspricht nach meiner Lesart genau dem Sinn des antiken Wortlautes.

40. **Die treuesten Bundesgenossen wurden zur Gruppe der Feinde gezählt.**

Einen Sinn erhält man hier nur durch freieres Übersetzen. *in numero existimare* ist eine Variante von *in numero ducere, zur Gruppe dazu zählen* oder einfach *zählen zu*.

41. **Der Ruhm des römischen Volkes ist euch von den Vorfahren überliefert worden.**

Maiores ist wieder einmal feststehendes Substantiv in der Bedeutung *Vorfahren* und hat mit dem Komparativ nur grammatisch etwas zu tun.

42. **Nachdem du von Lepidus nicht empfangen worden warst, wagtest du sogar zu mir zu kommen.**

Auch hier fehlt ein Subjekt. Die zweite Person hole ich aus dem deponenten Prädikat *audebaris*. Das PPP *receptus* (von *recipere*) übersetze ich prädikativ. Es bezieht sich hier natürlich auf eine zweite Person (du) und nicht etwa auf einen dritten.

43. **In denselben Hafen sind wir, nachdem wir von einem großen Unwetter hin und her geschleudert worden sind, geflohen.**

Auch hier steckt das Subjekt (1. Person Plural) im Prädikat *confugimus*. Dazu steht also der Nominativ *iactati* kongruent. Schwer sind an diesem Satz die Vokabeln und die Stellung: *iactare* übersetze ich mit *hin und her schleudern*, *magna* bezieht sich auf *tempestas, Unwetter*.

44. **Ausgesagt worden sind in der vorherigen Rede sowohl privat als auch öffentlich die Zeugnisse.**

Die wörtliche und stellungsgetreue Übersetzung klingt etwas sperrig, die Bezüge lassen sich jedoch gut zuordnen. *et ... et ...* heißt hier *sowohl ... als auch ...* weil vor dem ersten *et* kein weiterer Bestandteil der Verknüpfung steht.

45. **Vom Urteilsspruch freigesprochen wurden die Jugendlichen und von jedem Verdacht entbunden.**

Sowohl *absolvere, freisprechen*, als auch *liberare, freisprechen, entbinden*, stehen mit dem Ablativ der Trennung (Ablativus separationis). Daher erklären sich die Ablative und die Übersetzungen mit *von*.

46. **Alle Dinge sind sowohl versorgt als auch vorbereitet als auch fertiggestellt worden, Senatoren.**

Wie immer bei alleinstehenden Adjektiven im Neutrum Plural handelt es sich um Substantivierungen, daher die Hinzufügung von *Dinge*. Die Wendung *patres conscripti* sollte nicht allzu wörtlich übersetzt werden. Sie ist schlicht die im Senat übliche Anrede der Senatoren.

47. **Iugurtha wird Sulla gefesselt ausgeliefert und wurde von diesem zu Marius abgeführt.**

vinctus ist Prädikativum zu *Iugurtha* im Zustand während des Auslieferns. Daher die wörtlich-undeklinierte Übersetzung. Irritieren kann der Tempuswechsel, der jedoch bei Sallust nicht ungewöhnlich ist.

48. **Die Körper von jenen, wenn sie mit dem Beil durchschlagen und getötet worden sein werden, werden Raubtieren vorgeworfen werden.**

Schwierigkeiten dürften an diesem Satz vor allem die Futurformen bereiten. Beachte peinlich genau auch im Deutschen die Tempusbildung im Futur 1 (*obicientur*) und Futur 2 (*erunt percussi ac necati*). *securis* ist ein seltenes Substantiv der i-Deklination und kann leicht mit dem Adjektiv der o-Deklination *securus, sorglos*, verwechselt werden. *percussus* kommt von *percutere, durchschlagen*.

49. **Von wo bist du vertrieben worden? Wohin bist du abgehalten worden zu gehen? Abgelehnt worden bist du, nicht vertrieben.**

Man sollte möglichst frühzeitig auch die Fragewörter kennen: *unde* heißt *von wo*, *quo* heißt *wohin*. Danach habe ich alles wörtlich abgewickelt.

50. **Über Cethegus, Statilius, Caeparius wurde auf dieselbe Weise die Strafe verhängt.**

Bei römischen Eigennamen solltest du dir so früh wie möglich angewöhnen jeden lateinischen Kasus im Deutschen nur als Nominativ wiederzugeben. Schlage die Namen zur Not nochmal im Wörterbuch nach. *supplicium sumere de* + Ablativ heißt *eine Strafe verhängen über*.

51. Im Lager der Helvetier wurden Schrifttafeln gefunden, die mit griechischen Buchstaben angefertigt worden waren, und zu Caesar gebracht.

Auch hier verwirrt die Partizipienhäufung, insbesondere *relatae*, das durch das *et* scheinbar mit *confectae* auf eine Ebene gehört, in Wirklichkeit jedoch an *repertae sunt* anknüpft. Prädikatives Grundgerüst ist also: *tabulae repertae sunt et relatae*. Das attribute PPP *confectae* hingegen bezieht sich auf *tabulae* und sollte daher durch einen Relativsatz übersetzt werden.

52. Durch die Gier der Beamten waren vor dieser Zeit in Numidien unsere Truppenstärken eingestampft und die der Feinde vergrößert worden.

Schwierig dürfte hieran nur sein zu dem Genitivattribut *hostium* ein passendes Bezugswort zu finden. In meiner Übersetzung habe ich deutlich gemacht, dass *nostrae* und *hostium* sich *opes* als gemeinsames Bezugswort teilen. Wem das zu kompliziert ist, der ergänzt hinter *hostium* ein zweites *opes*. *contusae* findet man unter *contundere*, *auctae* unter *augere*.

53. Die armen Mütter übernachteten beim Tor des Gefängnisses, nachdem sie von einem letzten Anblick ihrer Kinder ausgeschlossen worden waren.

54. ein Standbild, das sowohl mit höchster und uralter religiöser Bedeutung besetzt und mit einzigartiger Mühe und Kunstfertigkeit geschaffen worden war ...

Wieder einmal ein Satzbaustein bestehend aus einem Bezugssubstantiv *(simulacrum)*, auf das sich zwei PPPs als Eigenschaftsattribute beziehen. Diese sind ihrerseits durch adverbiale Bestimmungen näher beschrieben.

55. Das Studium der Philosophie, welches niemals unterbrochen und von früher Jugend an gepflegt und immer vermehrt worden war, habe ich wieder aufgefrischt.

Wichtig ist auch hier Partizip für Partizip vorsichtig durch Nebensätze aufzulösen und anschließend weitere Kongruenzen und adverbiale Bestimmungen einzufügen. Alle drei Partizipien *intermissum*, *cultum* (von *colere*) und *auctum* beziehen sich auf *studium*. *studium* ist wiederum Objekt zu *renovavi*. das *que* hinter *prima* gehört noch vor das *a*. Die Regel ist jedoch, dass *que* niemals an Präpositionen hängt – das erklärt hier die Verschiebung nach hinten.

56. Gaius Verres, ein Mensch, der in der Meinung aller schon verurteilt worden ist, durch eine Menge Geld (jedoch) freigesprochen worden ist

In diesem Satzbaustein schließt sich an das Subjekt ein substantivisches Attribut (Apposition, *homo*) an. Dieses wiederum ist durch zwei parallele Eigenschaftsattribute in Form von PPPs *(damnatus, absolutus)* näher beschrieben, die ich durch Relativsätze aufgelöst habe.

57. Diese Dinge sind, so wie ich sie dargelegt habe, so getan worden, ihr Richter: Der Räuber wurde überwältigt, mit Gewalt wurde Gewalt besiegt oder eher besiegt wurde durch Tapferkeit Gewalttätigkeit.

Man muss etwas langsamer lesen, wenn man diesen Satz unter Belassung der Stellung übersetzt hat. *haec* ist wie so oft substantiviertes Neutrum Plural: *diese Dinge*. Dazu kongruent das Perfekt Passiv *gesta sunt*. Schwierig ist die Häufung von kongruenten PPPs und Substantiven am Ende. Man könnte zunächst meinen, das erste *victa* stehe ohne *esse*. Tatsächlich bezieht sich *est* jedoch auf beide *victa*. Erwähnung verdienen hier auch die Stilfiguren: der wiederholte v-Anlaut ist eine einschlägige und auffällig lange Alliteration *(vi victa vis vel ... victa virtute)*. In der umgekehrten Abfolge von ablativischer adverbialer Bestimmung und Partizip *(vi victa ... victa virtute)* erkenne ich einen Chiasmus (Kreuzstellung).

58. Die übrigen Könige wurden entweder, nachdem sie im Krieg besiegt worden waren, in die Freundschaft von euch aufgenommen oder suchten in ihren unsicheren Verhältnissen euer Bündnis.

Subjekt des ganzen Satzes ist *ceteri reges*. Zwei Prädikate *(recepti sunt* und *adpetiverunt)* sind in zwei Satzabschnitte aufgeteilt, die durch die Doppelkonjunktion *aut ... aut ... entweder ... oder ...* untergliedert sind. Innerhalb des ersten Satzabschnittes findet sich noch ein prädikatives PPP *(victi)*, das jedoch nicht zu *esse* gehört und nicht als Perfekt Passiv übersetzt werden darf. Vielmehr ist es prädikatives Attribut zu dem gesamten Prädikat *recepti sunt*. Daraus erklärt sich die Übersetzung mit *nachdem*.

59. Veranlasst worden bin ich, ihr Richter, durch Pflichtgefühl, Treue, Mitleid, durch das Vorbild vieler Guter, durch die alte Tradition und den Brauch der Vorfahren.

Schwer ist an diesem Satz eigentlich nichts, da es sich jenseits des Prädikates und einem Vokativ *(adductus sum, iudices)* nur noch um eine Aufzählung im Ablativ handelt. *multorum* ist substantiviertes Adjektiv Maskulinum Plural *(multi, viele)* und kann durch *Leute* ergänzt werden. Außerdem eine Bemerkung zum Stil: eine Aufzählung, deren Teile lediglich durch Kommata abgetrennt sind, nennt man unverbunden oder konjunktionslos. Das griechische Wort für dieses Phänomen ist Asyndeton (unverbunden). Asyndeta finden sich in fast allen lateinischen Texten sehr häufig.

60. Gegen das römische Volk wurden Untersuchungen abgehalten; nach dem Tod des Gaius Gracchus und Gaius Fulvius wurden auch von eurem Stand viele Menschen im Gefängnis getötet.

Dieser Satz von Sallust ist nicht sonderlich kompliziert konstruiert. Die Präposition *in* steht hier in der Bedeutung *gegen*. Deutlich ist die Klammerstellung der Genitivattribute in *post C. Graecchi et C. Fulvi caedem* zu erkennen. Der Genitiv *vostri ordinis* (klassisch: *vestri ordinis*! ein typischer sallustianischer Ablaut) bezieht sich natürlich auf das Substantiv dahinter *(multi mortales)*. *mortales*, wörtlich *die Sterblichen*, benutzt Sallust nahezu ausschließlich in der Bedeutung *Menschen*.

61. Die Gefangenen wurden von Iugurtha teils ans Kreuz gebracht, teils Raubtieren vorgeworfen, wenige, welchen das Leben gelassen worden ist, verbringen in Verliesen mit Schmerz und Trauer ein im Vergleich zum Tode schlimmeres Leben.

Dieser Satz zeichnet sich durch das für Sallust typische rohe Latein aus: Das erste PPP wird substantivisch gebraucht, ist folglich auch Subjekt des ersten Satzabschnittes. Der Satz wird aufgespalten in zwei Prädikate und zugehörige adverbiale Bestimmungen durch die Korrelativa *pars ... pars ...*, die man am besten mit *teils ... teils ...* wiedergibt. Beide Prädikate sind passive Perfekte mit der gemeinsamen Form *sunt. in crucem agere* kann man auch freier mit *kreuzigen* oder *ans Kreuz nageln* übersetzen. Ein zweiter Satz ist parataktisch angeschlossen mit *pauci* als Subjekt. Das PPP *clausi* (von *claudere, einschließen*) ist dazu Prädikativum. Prädikat ist die Wendung *vitam exigunt*, von *vitam exigere* analog zu *vitam agere, das Leben verbringen,* die du dir merken solltest. In der Umgebung eines Komparativs ist immer mit einem Ablativus comparationis zu rechnen, so auch hier die Wendung *morte graviorem*, wobei der Ablativ vor dem Komparativ steht. Für den Ablativ passt der deutsche Ausdruck *im Vergleich zu* besser als «als», weil er eine Belassung der natürlichen Stellung ermöglicht.

Übersetzungsdiagramm PFA

Form und Bildung

Stamm	+	PPP-Suffix	+	Kennsuffix	+	Endung	=	Form
fu		*-t-* (Ausnahmen: *-s-*)		*-ur-*		*-us, -a, -um* (a-/o-Deklination)		*futurus, futura, futurum*

Übersetzungstechnik

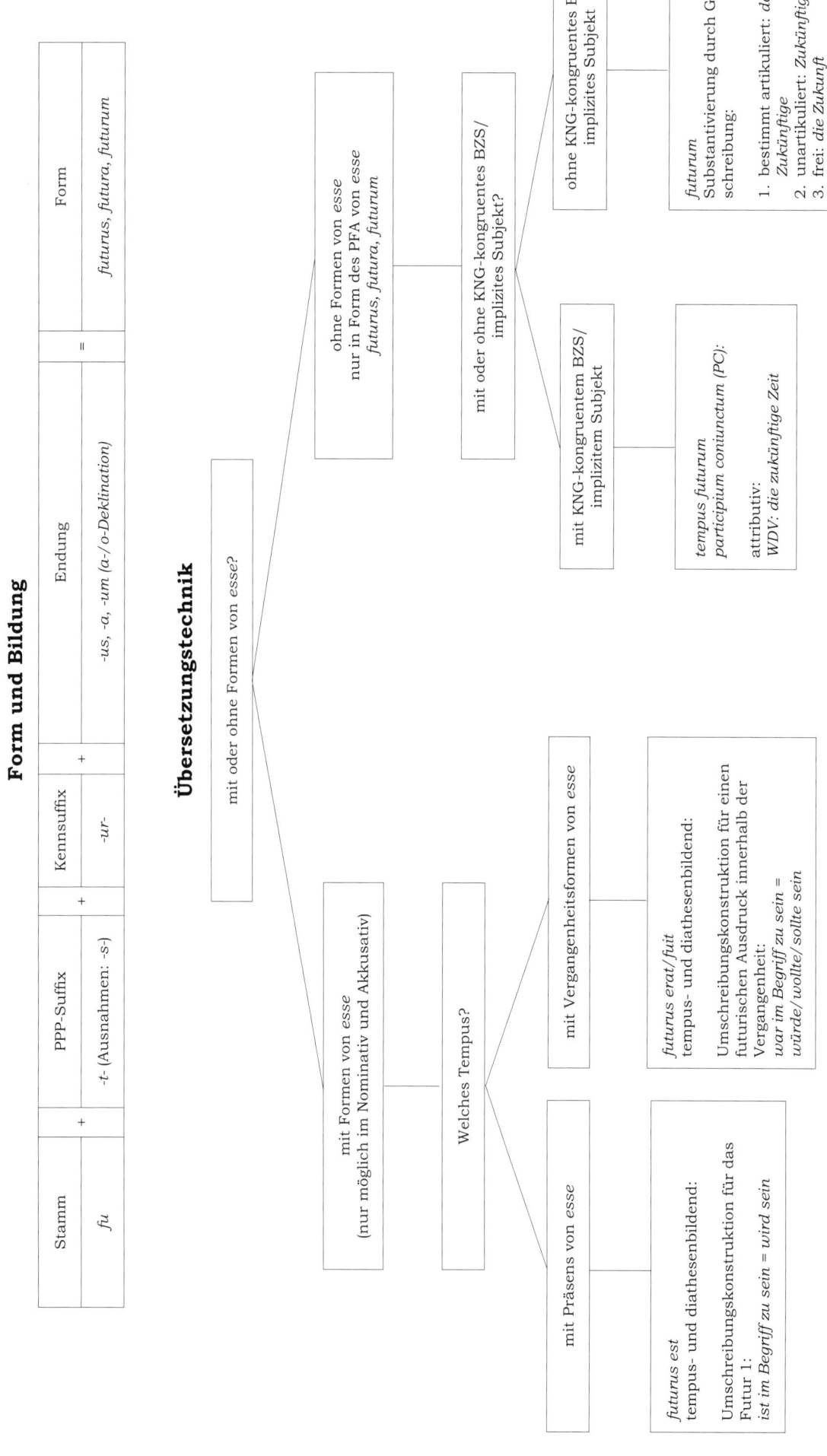

mit oder ohne Formen von *esse*?

ohne Formen von *esse*
nur in Form des PFA von *esse*
futurus, futura, futurum

mit oder ohne KNG-kongruentes BZS /
implizites Subjekt?

**ohne KNG-kongruentes BZS /
implizites Subjekt**

futurum
Substantivierung durch Großschreibung:
1. bestimmt artikuliert: *das Zukünftige*
2. unartikuliert: *Zukünftiges*
3. frei: *die Zukunft*

**mit KNG-kongruentem BZS /
implizitem Subjekt**

tempus futurum
participium coniunctum (PC):
attributiv:
WDV: die zukünftige Zeit

mit Formen von *esse*
(nur möglich im Nominativ und Akkusativ)

Welches Tempus?

mit Vergangenheitsformen von *esse*

futurus erat/fuit
tempus- und diathesenbildend:
Umschreibungskonstruktion für einen
futurischen Ausdruck innerhalb der
Vergangenheit:
war im Begriff zu sein =
würde/wollte/sollte sein

mit Präsens von *esse*

futurus est
tempus- und diathesenbildend:
Umschreibungskonstruktion für das
Futur 1:
ist im Begriff zu sein = *wird sein*

Lösungen: PFA

Dekliniere und übersetze

Kasus	Dekl. Sg.	Üb.
Nom.	res futura	die zukünftige Sache
Gen.	rei futurae	der zukünftigen Sache
Dat.	rei futurae	der zukünftigen Sache
Akk.	rem futuram	die zukünftige Sache
Abl.	re futura	durch die zukünftige Sache

Kasus	Dekl. Pl.	Üb.
Nom.	res futurae	die zukünftigen Sachen
Gen.	rerum futurarum	der zukünftigen Sachen
Dat.	rebus futuris	den zukünftigen Sachen
Akk.	res futuras	die zukünftigen Sachen
Abl.	rebus futuris	durch die zukünftigen Sachen

Kasus	Dekl. Sg.	Üb.
Nom.	consul futurus	der zukünftige Konsul
Gen.	consulis futuri	des zukünftigen Konsuls
Dat.	consuli futuro	dem zukünftigen Konsul
Akk.	consulem futurum	den zukünftigen Konsul
Abl.	a/cum consule futuro	von/mit dem zukünftigen Konsul

Kasus	Dekl. Pl.	Üb.
Nom.	consules futuri	die zukünftigen Konsuln
Gen.	consulum futurorum	der zukünftigen Konsuln
Dat.	consulibus futuris	den zukünftigen Konsuln
Akk.	consules futuros	die zukünftigen Konsuln
Abl.	a/cum consulibus futuris	von/mit den zukünftigen Konsuln

Kasus	Dekl. Sg.	Üb.
Nom.	tempus futurum	die zukünftige Zeit
Gen.	temporis futuri	der zukünftigen Zeit
Dat.	tempori futuro	der zukünftigen Zeit
Akk.	tempus futurum	die zukünftige Zeit
Abl.	tempore futuro	in der zukünftigen Zeit

Kasus	Dekl. Pl.	Üb.
Nom.	tempora futura	die zukünftigen Zeiten
Gen.	temporum futurorum	der zukünftigen Zeiten
Dat.	temporibus futuris	den zukünftigen Zeiten
Akk.	tempora futura	die zukünftigen Zeiten
Abl.	temporibus futuris	in den zukünftigen Zeiten

1.   Catilina wird nicht gehen.

2.   Die Prüfung wird deine sein.
   Über andere Bedeutungen von *probatio (Billigung, Beweisführung)* will ich nicht streiten.

3.   Diese Briefe wirst du jenem geben.

4.   Nicht weiß ich nicht (= ich weiß genau), was du antworten wirst.
   Hier begegnet jeder, der vom vorgefertigten und idealtypischen Schullatein verwöhnt ist, den Tücken des verstellten Satzbaus im klassischen Latein. Wer nicht weiß, dass *quid* hier nachhängender Einleiter eines indirekten Fragesatzes ist, muss den Satz hinterm Komma zwangsläufig für eine Parataxe halten. Bei der Übersetzung musst du also umstellen. Erkennen kannst du den indirekten Fragesatz auch am Konjunktiv.

5.   Soviel des Nutzens wird jene Sache haben.
   Der sogenannte Genitivus partitivus nach Quantitätsangaben ist eine der Besonderheiten der Kasuslehre (Lehrbuch S. 205).

6.   Dieser wird dieser Untersuchung selbst vorstehen.
   selbst bezieht sich nicht auf *dieser* (im Sinne von *dieser selbst*), sondern auf *quaestioni* (im Sinne von *dieser Untersuchung selbst*).

7.   Dir nämlich als einzigem haben wir geglaubt und werden wir glauben.
   Zum Dativ von *unus (uni)* siehe die Regel zu den Pronominaladjektiven. *unus* gehört wie *totus, ganz, solus, allein, intimus, innerst* und *primus, erst* zu einer Gruppe von Adjektiven, die fast immer prädikativ stehen. Das erklärt meine Übersetzung mit *als*.

8.   In dieser ganzen Art wirst du einzig von dieser Verteidigung Gebrauch machen.
   uti, Gebrauch machen von, (hier in der PPP-Form *usurus*) gehört zu den Verben mit abweichendem Kasus. Es steht nicht wie das deutsche *benutzen, gebrauchen,* transitiv mit einem Akkusativobjekt, sondern mit dem Ablativus separativus. Es reicht aber, wenn du dir die Übersetzung mit *Gebrauch machen von* merkst, dann kannst du den Daumen der Ablativhand als Merkhilfe einsetzen.

9.   Nichts werde ich mit Verres in Bezug auf alltägliche Verbrechen verhandeln.

10.   Und der Geist selbst erinnert sich an die Dinge, welche er als zukünftig sieht, nachdem sie vergangen sind.
   Wie so oft steckt hier in *ea, quae* usw. ein substantiviertes Neutrum Plural. Darauf sind auch die Prädikativa *futura* und *praeterita* bezogen. *videre* steht hier mit doppeltem Akkusativ (*quae* und *futura*), von denen einer prädikativ übersetzt werden muss, entweder wörtlich-undekliniert oder, wie in meinem Vorschlag, mit *als* (Präpositionen-Test, Lehrbuch S. 118). Auch das präsentische Perfekt *meminisse, sich erinnern,* kann mit doppeltem Akkusativ stehen *(sich an etwas erinnern als)*. Ich löse hier jedoch durch einen Konjunktionalsatz auf.

11.   Wer und von welcher Geisteshaltung er schon ist und was für ein Mann er sein wird, sehen wir.
   Von einem einzigen Prädikat im Hauptsatz *(videmus)* hängt hier ein indirekter Fragesatz als Objektsatz ab. Die Wendung *quo animo* enthält einen Ablativus qualitatis (Lehrbuch S. 207), der sich ebenfalls vom Daumen als ursprünglich separativ herleiten lässt. Daher auch die Übersetzung mit *von*. Zur Lösung gelangt man, indem man sich Wort für Wort vortastet.

12.   Wirst du also eine so große Aufgabe, so große Feindschaften auf dich nehmen?
   Die angehängte Fragepartikel *-ne* leitet eine neutrale Frage ein. Denke deshalb auch im Deutschen daran, eine Frage mit Erststellung des Prädikates zu formulieren.

13.   Wirst du etwa aus Ägypten oder Syrien Getreide nach Rom schicken?
   Diese Frage wird durch das suggestive Frageadverb *num, etwa,* eingeleitet. Der Fragende erwartet als Antwort: *nein.*

Übersetzungsdiagramm PPDep

Form und Bildung

Stamm	+	Kennsuffix	+	Endung	=	Form
profec		*-t-/-s-* (Ausnahme: *mortuus, gestorben*)		*-us, -a, -um* (a-/o-Deklination)		*profectus, profecta, profectum*

Übersetzungstechnik

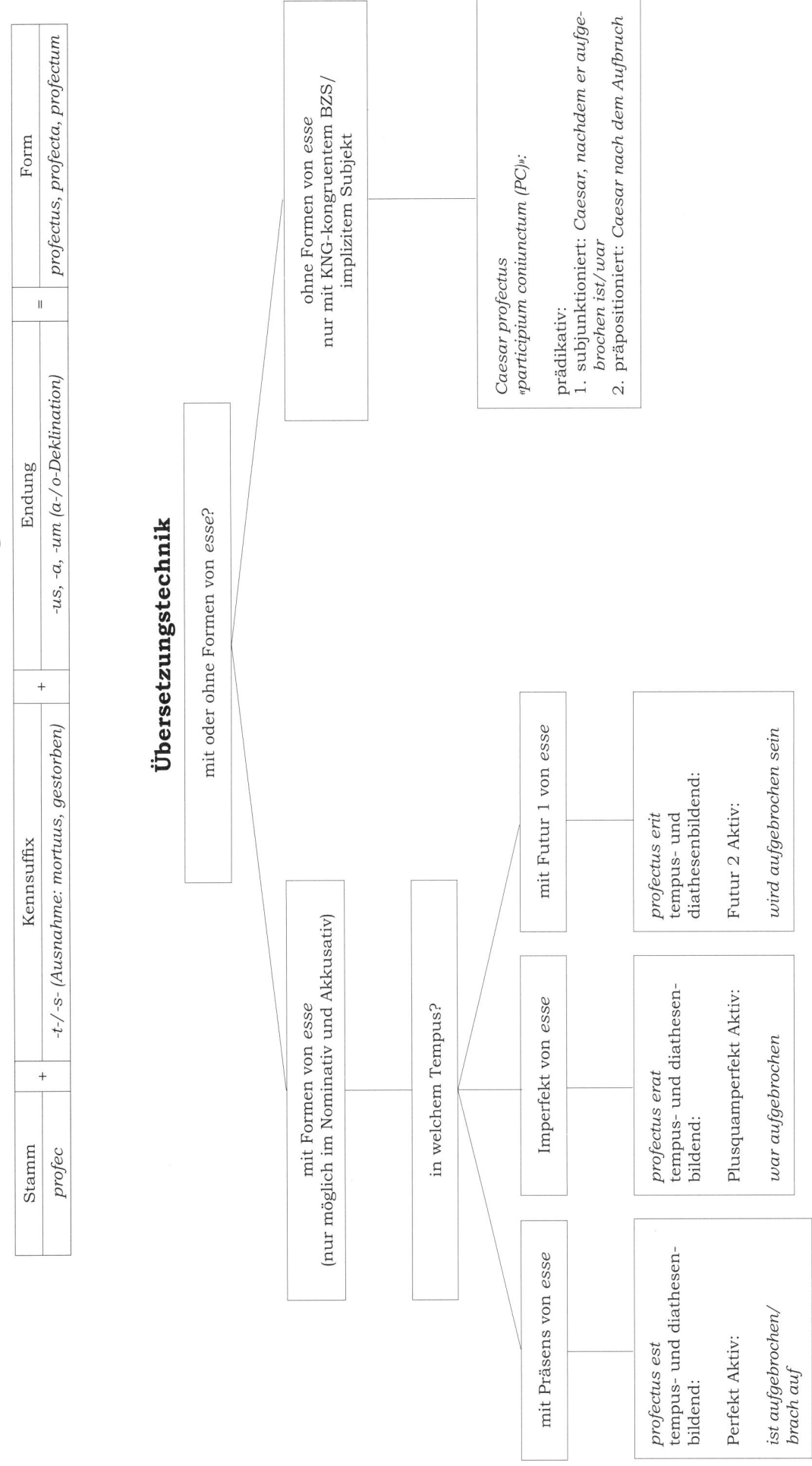

mit oder ohne Formen von *esse*?

ohne Formen von *esse*
nur mit KNG-kongruentem BZS /
implizitem Subjekt

Caesar profectus
«participium coniunctum (PC)»:

prädikativ:
1. subjunktioniert: *Caesar, nachdem er aufge-*
   brochen ist/war
2. präpositioniert: *Caesar nach dem Aufbruch*

mit Formen von *esse*
(nur möglich im Nominativ und Akkusativ)

in welchem Tempus?

mit Präsens von *esse*

profectus est
tempus- und diathesen-
bildend:

Perfekt Aktiv:

ist aufgebrochen/
brach auf

Imperfekt von *esse*

profectus erat
tempus- und diathesen-
bildend:

Plusquamperfekt Aktiv:

war aufgebrochen

mit Futur 1 von *esse*

profectus erit
tempus- und
diathesenbildend:

Futur 2 Aktiv:

wird aufgebrochen sein

Lösungen: PPDep

1.   Hast du durch Begabung irgendwas erreicht?

2.   Durch welche Dinge habt ihr dies erreicht?

3.   Von diesen hat keiner gewagt vorzutreten.

4.   Ich habe dargelegt, was ich zuerst versprochen habe.

5.   Er selbst aber ist nach Syrakus aufgebrochen.
     Richtungsangaben (Akkusativ) und Entfernungsangaben (Ablativ) stehen besonders häufig nach dem Verb *proficisci*.

6.   Hast du gewagt den Delischen Apollo wegzunehmen?
     Der Delische Apollo *(Apollo Delius)* war ein Standbild des Apollo von der Insel Delos, die für ihre Kunst berühmt war.

7.   Ich, ein unbekannter Konsul, habe von den Plänen von diesem Gebrauch gemacht.
     Was ich über *uti* bereits gesagt habe, gilt natürlich auch hier: das «Objekt» steht im Ablativ. Das Genitivpronomen *huius* wartet auf ein Bezugswort. Hier passt nur *consiliis*. Die Nominativformen *ego alienus consul* stehen gesperrt. Die Sperrung gehört auch zu den Stilfiguren und heißt auf Griechisch Hyperbaton.

8.   Lucius Octavius Reatinus ist als Heranwachsender (heranwachsend, jung) gestorben.
     adulescens bietet sich als prädikatsnaher und gesperrter KNG-kongruenter Nominativ wunderbar für eine prädikative Übersetzung an – daher *als Heranwachsender*. Alternativ geht auch wörtlich-undekliniert *jung, heranwachsend*, oder *als junger Mann*.

9.   Oder aber schien euch jene Verteidigung großartig?
     Bei allen Formen von *videre*, die entweder deponent oder passiv sein können, liegt einer der Hauptfehler darin, dass der Übersetzer nicht an die deponente Bedeutung *scheinen* denkt.

10. Sogar nach Capua hast du versucht eine Kolonie zu entsenden.
     Capuam ist Richtungsakkusativ.

11. Niemals, Catilina, hast du deine Schuld gestanden.

12. Du hast gewagt so viele hochheilige Dinge für nichts wert zu halten?
     Schwierigkeiten könnte die Wendung *pro nihilo ducere, für nichts wert halten*, bereiten. Wenn im Lateinischen, wie hier, ein Personalpronomen *(tu)* eigens genannt wird (was wir im Deutschen andauernd tun), so dient dies der Unterstreichung.

13. Plötzlich wider der Erwartung aller hat er gestanden.

14. Dies haben wir vielleicht nicht fertig gemacht, versucht haben wir es wenigstens.

15. Wie oft aber hast du versucht mich, den Konsul, zu töten!

16. Auch bei den Senatoren haben sie gewagt gegen mich zu sprechen.
     Die Bezeichnung *patres conscripti* ist eine alte, feststehende Anrede der Senatoren, insbesondere bei Senatsreden.

17. Wo ist nun der Senat, welchem wir gefolgt sind, wo jene römischen Ritter?
     sequi, folgen, steht nicht, wie im Deutschen, mit dem Dativ, sondern mit dem Akkusativ. Daraus erklärt sich die Form *quem* und die deutsche Übersetzung *welchem*.

18. Nachdem er diese unvorbereitet und nichtsahnend angegriffen hatte, tötete er einen großen Teil von diesen. Nachdem er diese, welche nicht vorbereitet waren und nichts ahnten, angegriffen hatte, tötete er einen großen Teil von diesen.
     adgressus ist prädikatives Attribut zu einem nicht namentlich genannten Subjekt. Das Subjekt steckt vielmehr im Verb *(er). impeditos* (PPP) und *inopinantes* (PPA) sind prädikative Attribute zu *eos*, die ich entweder wörtlich belassen (Übersetzung 1) oder auflösen (Übersetzung 2) kann.

Unterscheidung und Übersetzungstechnik von nd-Formen

Erkennungsmerkmal: nd?
(Achtung bei Verbalstämmen auf -nd)

ja!

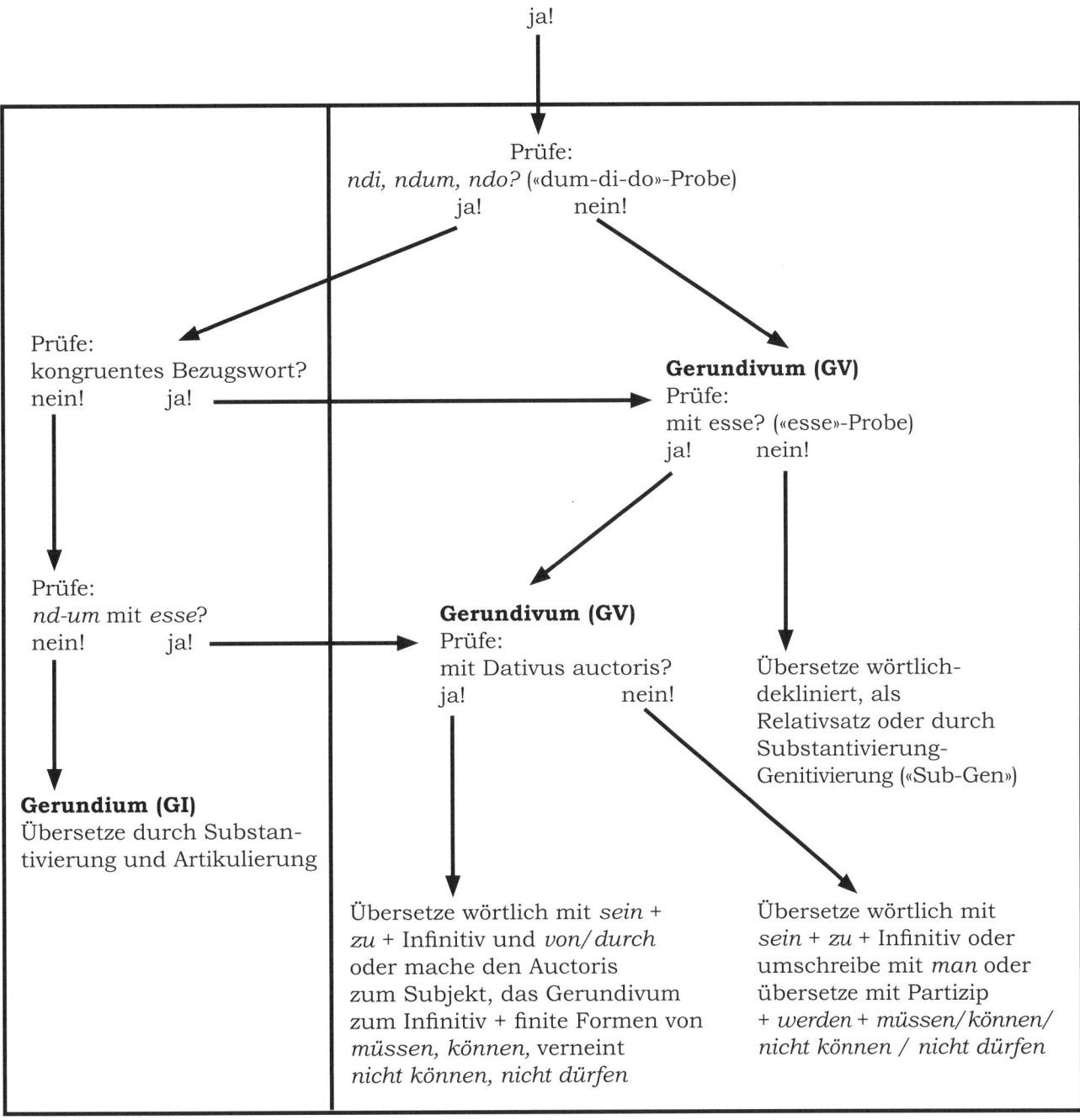

Prüfe:
ndi, ndum, ndo? («dum-di-do»-Probe)
ja!   nein!

Prüfe:
kongruentes Bezugswort?
nein!   ja!

Gerundivum (GV)
Prüfe:
mit esse? («esse»-Probe)
ja!   nein!

Prüfe:
nd-um mit *esse*?
nein!   ja!

Gerundivum (GV)
Prüfe:
mit Dativus auctoris?
ja!   nein!

Übersetze wörtlich-
dekliniert, als
Relativsatz oder durch
Substantivierung-
Genitivierung («Sub-Gen»)

Gerundium (GI)
Übersetze durch Substan-
tivierung und Artikulierung

Übersetze wörtlich mit *sein* +
zu + Infinitiv und *von/durch*
oder mache den Auctoris
zum Subjekt, das Gerundivum
zum Infinitiv + finite Formen von
müssen, können, verneint
nicht können, nicht dürfen

Übersetze wörtlich mit
sein + *zu* + Infinitiv oder
umschreibe mit *man* oder
übersetze mit Partizip
+ *werden* + *müssen/können/
nicht können / nicht dürfen*

Lösungen: nd-Formen

1. durch Handeln

2. durch Sprechen

3. durch Schreiben

4. beim Sprechen

5. die Kunst des Redens

6. zum Gehen
    um zu gehen

7. beim Beurteilen
    Denke bei Präpositionen vor nd-Formen an die Sonderbedeutungen!

8. beim Zurückfordern

9. zum Handeln
    um zu handeln

10. zum Sprechen
    um zu sprechen

11. beim Herrschen

12. beim Anklagen

13. um zu sprechen
    Daneben geht auch *wegen des Sprechens*.

14. die Fähigkeit des Kriegführens

15. die Art des Sprechens

16. zum Schreiben
    um zu schreiben

17. zum Befehlen
    um zu befehlen

18. zum Anklagen

19. zum Verteidigen

20. begierig nach Herrschaft
    Genitive nach Adjektiven wie *cupidus, begierig,* geben das Objekt an, nach dem man begierig ist (genitivus obiectivus).

21. bei der zu erbittenden Hilfe
    bei der Hilfe, die erbeten werden muss
    beim Erbitten der Hilfe

22. die Übung des Sprechens
    Genitivattribute, die im Lateinischen auch häufig vor ihrem Bezugswort stehen, gehören im Deutschen stets dahinter.

23. zum zu machenden Lager
    zum Lager, das errichtet werden muss
    zum Anlegen eines Lagers
    um ein Lager zu bauen

    Der Neutrum Plural *castra* hat im Deutschen singularische Bedeutung. Zur Abwechslung biete ich verschiedene Variationen des Verbs *facere* an.

24. in Bezug auf das zu verwendende Geld
    in Bezug auf das Geld, das verwendet werden soll
    in Bezug auf die Verwendung des Geldes

25. die wegzunehmenden Schmuckstücke
    die Schmuckstücke, die weggenommen werden müssen
    die Wegnahme von Schmuckstücken

26. bei der zu haltenden Rede
    bei der Rede, die gehalten werden muss
    beim Halten einer Rede

27. Dieses ist nicht zu ertragen.
    Dieses kann nicht ertragen werden.
    Dieses kann man nicht ertragen.

28. zu den zu schreibenden Briefen
    zu den Briefen, die geschrieben werden müssen
    zum Schreiben von Briefen
    um Briefe zu schreiben

29. zum anzuklagenden Angeklagten
    zum Angeklagten, der angeklagt werden muss
    zur Anklage des Angeklagten
    um den Angeklagten anzuklagen

    In der deutschen Übersetzung etwas tautologisch.

30. die Möglichkeit eines Begräbnisses

31. Dieses war kaum zu glauben.
    Dies konnte man kaum glauben.
    Dies konnte kaum geglaubt werden.

32. der zu schöpfende Mut
    der Mut, der geschöpft werden muss
    das Schöpfen des Mutes

33. bei den zu leitenden Kriegen
    bei den Kriegen, die geleitet werden müssen
    bei der Leitung von Kriegen

34. zu den zu leitenden Kriegen
    zu den Kriegen, die geleitet werden müssen
    zur Leitung von Kriegen
    um Kriege zu leiten

35. beim anzuklagenden Publius Sestius
    bei Publius Sestius, der angeklagt werden muss
    bei der Anklage des Publius Sestius

36. zu den zu hörenden Reden
     zu den Reden, die gehört werden müssen
     zum Hören der Reden
     um Reden zu hören

37. zum zu erobernden Asien
     nach Asien, das erobert werden muss
     zur Eroberung Asiens
     um Asien zu erobern

38. zur Bereitschaft des Verfolgens
     Hier liegt das Gerundium als Genitivattribut in Klammerstellung vor. Wir erinnern uns: Alternativübersetzungen von *studium* wie *Eifer, Studium, Mühe,* sind grammatisch akzeptabel.

39. beim zu lenkenden Staat
     beim Staat, der gelenkt werden muss
     bei der Lenkung des Staates

40. alle Dinge, welche zu sagen sind / gesagt werden müssen
     alles, was gesagt werden muss
     Achte beim Neutrum Plural immer wieder darauf, ob er allein steht oder mit Bezugswort. Bei allein stehenden Formen muss mit *Dinge* substantiviert oder singularisiert werden.

41. Dieses war am meisten zu wünschen.
     Dies musste man besonders wünschen.

42. zum zu leitenden Krieg
     zum Krieg, der geleitet werden muss
     zur Leitung des Krieges
     um den Krieg zu leiten.

43. Es ist von euch nicht zu zögern.
     Es darf von euch nicht gezögert werden.
     Ihr dürft nicht zögern.
     Ein Dativus auctoris kann zum Subjekt werden, wenn man das passive Prädikat «aktiviert».

44. wegen der Erleichterung seiner/ihrer Folter
     um seine/ihre Folter zu erleichtern

45. durch die Bedeutung der zu vollbringenden Taten
     durch die Bedeutung der Taten, die vollbracht werden müssen
     durch die Bedeutung der Vollbringung der Taten

46. Es ist sorgfältig Rücksicht zu nehmen.
     Rücksicht muss sorgfältig genommen werden.
     Man muss sorgfältig Rücksicht nehmen.
     Wer nicht weiß, dass *rationem habere* Rücksicht nehmen heißt, übersetzt an dieser Stelle mit «Vernunft ist vernünftig zu haben» oder «Verstand ist genau zu halten». Solche Übersetzungen sind grammatisch nicht falsch, sinngemäß sind sie aber nicht.

47. Mit Mühe halte ich mich vom Anklagen ab.

48. Dieses ist nämlich eher zu sagen.
     Dies muss man nämlich eher sagen.
     Dies muss nämlich eher gesagt werden.

49. Zu tilgen ist von euch jener Schandfleck.
     Getilgt werden muss von euch jener Schandfleck.
     Tilgen müsst ihr jenen Schandfleck.

50. das festzusetzende Maß
    der anzusetzende Maßstab
    die Festsetzung eines Maßes

51. Was zu tun ist, überlegt!
    Was getan werden muss, überlegt!
    Was man tun muss, überlegt!

52. zum zu verteidigenden Staat
    zum Staat, der verteidigt werden muss
    zur Verteidigung des Staates
    um den Staat zu verteidigen

53. die Möglichkeit des zu vermeidenden Ansturms von jenen
    die Möglichkeit des Ansturms von jenen, der vermieden werden muss
    die Möglichkeit der Vermeidung des Ansturms von jenen

54. Denn ich zögere sehr beim Schreiben.

55. bei euren einzutreibenden Steuern
    bei euren Steuern, die eingetrieben werden müssen
    bei der Eintreibung eurer Steuern

56. Beim zu bewahrenden Vaterland war er grausam.
    Beim Vaterland, das bewahrt werden musste, war er grausam.
    Bei der Bewahrung des Vaterlandes war er grausam.
    Das Subjekt steckt hier – wie so oft – im Prädikat.

57. zu einem so großen zu leitenden Krieg.
    zu einem so großen Krieg, der geleitet werden muss
    zur Leitung eines so großen Krieges
    um einen so großen Krieg zu leiten

58. Nicht einmal jenes ist zu vernachlässigen.
    Nicht einmal jenes darf vernachlässigt werden.
    Nicht einmal jenes darf man vernachlässigen.

59. in einer gewissen jugendlichen Dreistigkeit des Redens

60. Diese Provinz ist von euch zu verteidigen.
    Diese Provinz muss von euch verteidigt werden.
    Diese Provinz müsst ihr verteidigen.

61. zu der zu verfolgenden Boshaftigkeit von jenen
    zur Boshaftigkeit von jenen, die verfolgt werden muss
    zur Verfolgung der Boshaftigkeit von jenen

62. Jener war als einziger zu fürchten aus diesen allen.
    unus ist wieder einmal prädikativ gebraucht. Dazu bietet sich der Präpositionen- oder der Stammtest an. Um nicht zu sehr auszuschweifen, biete ich hier und im Folgenden nicht mehr alle möglichen Übersetzungen an, sondern nur noch die, die mir am passendsten oder elegantesten erscheint.

63. Du kommst aus Gallien um die Quaestur anzustreben.
    Gemeint ist die Bewerbung um die Quaestur. *Quaestura* bedarf wie auch andere römische Amtsbezeichnungen keiner besonderen Übersetzung, sondern sollte als feststehender Begriff belassen werden. Wer Näheres über die Quaestur erfahren möchte, greift zu einem Handbuch oder – oft billiger und besser – sucht im Internet.

64. Die Grausamkeit keiner Strafe wird zurückzuweisen sein.
    Die Grausamkeit keiner Strafe wird man zurückweisen dürfen.

65. Die Tugend, welche aus der Achtung der Menschen besteht ...

constare ex heißt *bestehen aus* oder *beruhen auf*.

66. einen alten nicht unbekannten Lehrer des Redens

Ein Lehrer des Redens ist ein Rhetoriklehrer.

67. Diesem sollte man diesen so großen Krieg überlassen.

68. Denn nicht jeder Fehler darf als Dummheit bezeichnet werden.

dicere steht mit doppeltem Akkusativ in der Bedeutung *etwas bezeichnen als*. Ins passive Notwendigkeitspartizip gewandelt wird aus dem doppelten Akkusativ ein doppelter Nominativ.

69. Der Zorn muss aber besonders durch Bestrafen verhindert werden.

In diesem Satz finden sich nebeneinander Gerundivum mit esse *(prohibenda est)* und Gerundium *(puniendo)*. Diese Verquickung habe ich auch in meiner Übersetzung nachempfunden.

70. Aber wir haben genug der Zeit zum Denken.

Nach Quantitätsangaben (hier: *satis*) steht häufig der Genitivus partitivus (Lehrbuch S. 205). Neben meiner wörtlichen, aber demonstrativen Übersetzung ist eine elegantere mit *genügend Zeit* möglich.

71. Nun ist deine Unverschämtheit von uns nicht länger zu ertragen.
    Nun können wir deine Unverschämtheit nicht länger ertragen.

Der Aspekt der Unmöglichkeit steckt sowohl in der Bedeutung als auch in der Verneinung.

72. um einen sehr reichen und hochheiligen Tempel auszuplündern

73. Du wirst immer jeden Verdacht der Gier vermeiden müssen.

omnis hat im Singular die Bedeutung *jeder, ganz,* im Plural die Bedeutung *alle*.

74. Nicht einmal die kleinsten Dinge dürfen wir vernachlässigen.

ne ... quidem gehört zu den am häufigsten übersehenen Korrelativadverbien überhaupt. Wie oft lese ich nicht die falsche Übersetzung: *damit nicht ... jedoch*. *ne ... quidem* klammert das Bezugswort ein, das im Deutschen hinter den Ausdruck *nicht einmal ...* gehört.

75. Viele Dinge sollten übergangen werden und dennoch werden viele Dinge gesagt.

multa ist Neutrum Plural in substantivierter Form und verlangt daher die Hinzufügung von *Dinge*. Die anderen Formen sind dazu kongruent.

76. zur Abwendung des Hasses und der Schande eures Standes
    um den Hass auf euren Stand und die Schande abzuwenden

Die Übersetzung des Genitivattributes zu *invidiam, Hass auf euren Stand,* entspricht der Funktion des Genitivus obiectivus (Lehrbuch S. 204).

77. Entweder keine oder sehr wenige Tage werden zum Handeln sein.

Doppelkonjunktionen wie *aut ... aut ...* müssen zum Standardvokabular jedes Latinumsprüflings gehören.

78. Domitius brach zum anzugreifenden Massilia auf.
    Domitius ist zum Angriff auf Massilia aufgebrochen.

Bei der Genitivierung von *Massiliam* bilde ich in der deutschen Übersetzung das Pendant zum lateinischen Genitivus obiectivus: den präpositionalen Ausdruck *auf Massilia*. Daneben geht zur Not auch die wörtliche Form *(Angriff Massilias)*.

79. Er schrieb zu tötende und niederzumetzelnde römische Bürger aus.
    Er schrieb die Tötung und Niedermetzelung römischer Bürger aus.

80. Sabinus bricht um Hilfe zu bringen zu Caesar auf.

81. Zur Heilung der Körper haben die Körper selbst und die Natur viel Bedeutung.

multum ist ein ursprünglich akkusativisches Adverb. Deshalb hat es hier auch kein Bezugswort und ähnelt dem deutschen Adverb *viel*. *valere* übersetzt man am besten mit *Macht* oder *Bedeutung haben*. Ferner könnte irritieren, dass bei zwei Subjekten, von denen zudem eines im Plural steht *(corpora et natura)*, das Prädikat im Singular steht. Im Lateinischen kann sich das Prädikat jedoch anders als im Deutschen auch nur nach dem Numerus des ihm zunächst stehenden Subjektes richten.

82. Bei der Ausbildung der Soldaten wandte Marius höchste Sorgfalt an.

   adhibere hat häufig komplizierte Bedeutungen wie: *hinzuziehen, walten lassen, anwenden.*

83. Viele Dinge sind gesagt worden von den Alten in Bezug auf die Verachtung der menschlichen Angelegenheiten.

   antiqui ist substantiviertes Adjektiv im Maskulinum Plural. Solche substantivierten Formen haben häufig Sonderbedeutungen (vgl. *maiores, die Vorfahren, liberi, die Kinder*). *antiqui* bezieht sich auf die alten, meist griechischen Gelehrten und Philosophen.

84. die Gelegenheit des zur Gerechtigkeit Zurückkehrens und der den Bürgern zurückzugebenden Freiheit
   die Gelegenheit zur Gerechtigkeit zurückzukehren und die Freiheit den Bürgern zurückzugeben

   Bei diesem Satz bestehen die Schwierigkeiten darin, dass sich keine Regel konsequent darauf anwenden lässt. Im ersten Fall liegt ein Gerundium mit direktem Objekt, im zweiten Fall ein Gerundivum im Genitiv vor. Zunächst habe ich eine wörtliche Arbeitsübersetzung entwickelt, die nur die Satzteile aufschlüsselt, dabei aber nicht sonderlich gut klingt. Im zweiten Ansatz bin ich freier geworden und habe etwas nachgeschliffen. Dabei habe ich zwei präpositionale Ausdrücke mit *zu* + Infinitiv gewählt, die so nicht in den Regeln stehen. Vom Sinn her lässt sich aber intuitiv nachvollziehen, wie ich umgeformt habe.

85. Er selbst brach in das diesseitige Gallien zur Abhaltung von Gipfeltreffen auf.

   Die idiomatische Wendung *conventus agere* übersetze ich hier sehr frei mit *Gipfeltreffen abhalten.* Wer hier etwas schematischer übersetzt (etwa *Zusammentreffen betreiben, Zusammenkünfte verhandeln* o.ä.) darf auf Nachsicht des Korrektors hoffen.

86. So ist von mir nicht so (sehr) Masse als vielmehr Maß beim Sprechen zu suchen.
   So sollte ich nicht so (sehr) Masse als vielmehr Maß beim Sprechen suchen.

   Die Korrelativadverbien *non tam ... quam ...* werden im Vokabelteil des Kapitels Adverbien behandelt und sollten frühzeitig gelernt werden.

87. beim Anmerken und Tadeln von Fehlern und beim Unterrichten und Lehren

   Die ersten beiden nd-Formen sind Gerundiva, die zweiten beiden sind Gerundia. Die Übersetzung zeigt, dass sie sich zuweilen nicht nur formal, sondern auch funktional recht nahe kommen.

88. Ich und das Vaterland haben deine unaussprechlichen Verbrechen, die nicht zu ertragen waren, ertragen.

   nefaria tua gehört zu dem Akkusativ Neutrum Plural *scelera* (von *scelus*). Grammatisch ließen sie sich zwar auch auf *patria* beziehen, aber es ist nicht davon auszugehen, dass Cicero das Vaterland hier als gottlos bezeichnen würde.

89. Denn nicht nur der Ankläger, sondern nicht einmal der Anzeigende ist zu ertragen.

   ne ... quidem gehört zu den Korrelativadverbien, die gerne übersehen werden. Bitte nicht jedes der beiden Wörter wörtlich übersetzen (also nicht: *dass nicht ... jedoch*)!

90. Mich hindert sowohl die Trauer der Übel der Meinen als auch die Furcht in Bezug auf den Bruder beim Schreiben.
   Mich hindert sowohl die Trauer um das Unglück der Meinen als auch die Furcht um meinen Bruder am Schreiben.

   Die erste wörtliche Übersetzung soll demonstrieren, wie man durch genaues Beachten der Formen immer irgendwie zu einer Lösung kommt, wie pappig diese auch klingen mag. Die zweite Übersetzung erklärt sich folgendermaßen: Subjekt des Satzes sind *maeror* und *metus*, die durch zwei vorangestellte *et* (*sowohl ... als auch ...*) verknüpft werden. An das erste Subjekt (*maeror*) tritt ein vorangestelltes Genitivattribut (*malorum*), an das wiederum ein weiteres Genitivattribut (*meorum*) sich anschließt. Nach einem Substantiv wie Trauer tritt der Genitiv als *obiectivus* auf. *Meorum* ist substantiviertes Possessivpronomen im Maskulinum Plural (*mei*) in der Bedeutung *die Meinen, meine Familie.* Objekt ist nur *me* (Akkusativ).

91. Daher schickt er, nachdem er Mut zugesprochen hat, die Haeduer in Bezug auf die Beschaffung von Nahrung zu den Boiern vor.

   Das PPDep *cohortatus* steht hier als prädikatives Attribut ohne *esse*. Daher entscheide ich mich hier für die Übersetzung durch einen Konjunktionalsatz. Wegen der Vorzeitigkeit wähle ich die Konjunktion *nachdem* und wegen des Präsens im Hauptsatz das Perfekt zum Ausdruck der Vorzeitigkeit. Haeduer und Boier sind gallische Stämme. Solche Eigennamen bitte im Wörterbuch nachschlagen und durch die deutschen Formen übersetzen (also nicht «die Haeduos zu den Boios» schicken!).

92. Zuletzt müssen alle Dinge, welche du tadelst bei einem anderen, von dir selbst besonders gemieden werden.

omnia ist substantiviertes Neutrum Plural. *tibi ipsi* ist Dativus auctoris. *fugere* heißt hier nicht *fliehen*, sondern *meiden*. Nicht vergessen, den ersten Teil des Hauptsatzprädikates *(gemieden werden müssen)* rechtzeitig vorzuziehen.

93. In Bezug auf den zu diesem Kriege auszuwählenden und so wichtigen Sachen voranzustellenden Feldherrn ist zu sprechen.
    In Bezug auf die Auswahl des Feldherrn für diesen Krieg und auf den Vorsitz bei so wichtigen Angelegenheiten muss man sprechen.

Dieser Satz hat seine Tücken. Mein erster Übersetzungsvorschlag zeigt, wie die wörtliche Übersetzung einer so zähen lateinischen Konstruktion das Deutsche bis an die Grenze der Verstehbarkeit strapaziert. Der zweite Satz wiederum macht es dem Anfänger schwer, die lateinische Vorlage zu rekonstruieren. Es folgt der Versuch einer Erklärung: Es gibt zwei Gerundivkonstruktionen in diesem Satz. Erstens den präpositionalen Ausdruck *de imperatore deligendo ac praeficiendo*, zum anderen das prädikative Gerundivum mit *esse: dicendum est*. Zu dem ersten Teil des präpositionalen Ausdruckes tritt ein weiterer adverbialer präpositionaler Ausdruck *(ad id bellum)* hinzu, zum zweiten ein Dativobjekt *(tantis rebus)*, das die Form *praeficere, voranstellen,* verlangt. In der freieren Übersetzung habe ich die präpositionalen Ausdrücke und das indirekte Objekt sinngemäß weiter aufgelöst.

94. Weder an Alter noch an Fähigkeit noch an Ansehen bin ich mit diesen, welche sitzen, zu vergleichen.

Eine dreigliedrige Konjunktion mit *neque* fächert drei Ablativi modi auf. Der Rest gleicht weitgehend der deutschen Stellung.

95. Nicht nur dürfen die Hilfstruppen, welche wir haben, nicht verringert werden, sondern sogar neue, wenn das geschehen kann, müssen bereitgestellt werden.

Das Verb *esse* ist, auch wenn es sich gleich auf mehrere Gerundiva bezieht, oft nur einmal genannt. So muss auch in diesem Satz hinter *comparanda* ein zweites *sunt* gedanklich ergänzt werden.

96. Dies sind die Grundlagen, dies die Glieder, welche von den Anführern zu schützen und sogar unter Lebensgefahr zu verteidigen sind.

Viele Anfänger vergessen, dass zu einer Form von *esse* nicht nur ein Subjekt gehört (also jemand oder etwas, der/das ist), sondern auch ein Prädikativum (also das, was jemand oder etwas ist). Beide stehen im Lateinischen wie im Deutschen im Nominativ. So auch hier die kongruenten Formen *haec* und *fundamenta,* bzw. *haec* und *membra*. *vel* hat hier eine leicht abweichende Bedeutung von der Grundbedeutung *(beziehungsweise, beispielsweise)*. Die Form *capitis* ist schwer zu finden. Wer nicht weiß, dass sie unter *caput, capitis* n, *Kopf, Haupt, Leben,* zu finden ist, verwechselt sie leicht mit der 2. Plural von *capere*. Zwei Prädikate in unterschiedlichen Formen so dicht nebeneinander ist jedoch ein Ding der Unmöglichkeit.

97. Wenn aber die Freundschaft durch sich (= um ihrer selbst willen, an sich) zu pflegen ist, so sind auch die Gesellschaft der Menschen und die Gleichheit und die Gerechtigkeit durch sich (= um ihrer selbst willen, an sich) zu verteidigen.

Der präpositionale Ausdruck *per se* verlangt hier eine eigenwillige Übersetzung. Doppeltes *et* hat hier nicht die Bedeutung *sowohl ... als auch ...* weil das erste Glied bereits vor dem ersten *et* steht. Prädikatives Gerundivum mit *esse* liegt auch bei *expetenda* vor, das sich ebenfalls auf das bereits hinter *colenda* genannte *est* bezieht.

98. Daher darf eine solche Absprache der Unmoralischen nicht nur unter dem Vorwand der Freundschaft nicht verdeckt werden, sondern muss eher mit jeder Strafe rechtlich verfolgt werden.

inproborum ist eingeklammertes Genitivattribut zu *consensio*. *amicitiae* ist Genitivattribut zu *excusatione*. *vindicare* hat ein breites Bedeutungsspektrum, von dem hier *rechtlich verfolgen* am passendsten erscheint. Auch *supplicium* kann nebeneinander *Flehen, Gebet, Opfer* und *Strafe* heißen. Wie immer entscheidet der Zusammenhang.

99. Gesagt, gezeigt, erklärt werden muss alles, der Fall muss nicht nur dargelegt, sondern auch detailliert und gründlich verhandelt werden.

Die Singularisierung kommt zustande, weil ich das Neutrum Plural *omnia* als *alles* übersetze. *graviter* und *copiose* sind Adverbien zu *agenda*.

100. Die Kulte der unsterblichen Götter müssen gesühnt und die Qualen römischer Bürger und das Blut vieler Unschuldiger durch die Bestrafung von diesem ausgewaschen werden.

Alle Gerundiva stehen prädikativ mit *est*, das sich auch auf den Plural *expiandae* bezieht, sich im Numerus jedoch nach dem Subjekt richtet, das ihm zunächst steht. *civium Romanorum* ist Genitivattribut zu *cruciatus*, während *multorum innocentium* Genitivattribut zu *sanguis* ist. Mit einer Vielzahl an Bedeutungen besetzt ist das Substantiv *religio*. Auch hier können nur Sprachgefühl oder Zusammenhang entscheiden.

Lösungen: Supinum

1. Leicht wird es zu erkennen sein.

2. Schwer zu machen ist es, aber versuchen werde ich es dennoch.

   Das neutrale Subjekt *es* hole ich aus dem Prädikat *(est)* heraus, da das Prädikativum *difficile* ebenfalls Neutrum Singular ist.

3. Gesandte schicken sie zu Caesar um Hilfe zu erbitten.

4. Ach eine Sache, nicht nur schrecklich anzusehen sondern auch zu hören!

5. Unglaublich zu sagen ist es, aber von mir wird es äußerst wahrheitsgemäß gesagt werden.

   Auch hier steckt in Verb und Prädikatsattribut *(incredibile est)* ein neutrales Subjekt.

6. Alle Dinge werde ich übergehen, welche mir schändlich zu sagen scheinen werden.

   praeterire, übergehen ist eine der Formen von *ire*, die transitiv (also mit Akkusativobjekt) stehen können. Daher ist *omnia* substantiviertes Neutrum Plural als Akkusativobjekt.

7. Ich habe diese ausgeschlossen, welche du zu mir zur Begrüßung morgens geschickt hattest.

   Viele finden bei diesem Satz das Verb nicht, das der Form *miseras* zugrunde liegt. Da es ein formengleiches Adjektiv (*miser, misera, miserum*) gibt, gehen viele vorschnell davon aus, dass es gar kein Verb sei und fassen *mane*, das ebenfals doppeldeutig ist, als Prädikat auf (*mane* als Adverb heißt *morgens*, *mane* als Verb heißt *bleib*, von *manere*) – heraus kommt dann natürlich der letzte Stuss.

8. Du wirst in Anbetracht deiner Klugheit sehen, was das Beste zu tun ist.

   Die Präposition *pro* hat hier mal die Bedeutung *in Anbetracht*, die sonst selten zur Anwendung kommt.

9. Dieses aber ist schwer zu machen außer durch eine gewisse Ausbildung und Schulung.

10. Wenn unter diesen Sachen also gute Dinge sind, ist leicht zu erkennen, welche die Gegenteile sind.

    Der erste Satz ist schwer als Nebensatz zu erkennen, weil die Konjunktion *(cum)* nachhängt (nachhängende Konjunktionen, Lehrbuch S. 198). *bona* ist substantiviertes Neutrum Plural und könnte hier auch durch *Vorteile* übersetzt werden. Der zweite Nebensatz *(quae sint contraria)* ist ein indirekter Fragesatz – leicht am Konjunktiv des Prädikates zu erkennen.

11. Unglaublich zu sagen ist es, wie viele Griechen in Bezug auf die Schönheit dieser Flügeltüren Geschriebenes zurückgelassen haben.

    Ein nicht ganz leicht zugänglicher, weil umständlich formulierter Nebensatz: Subjekt ist im Nebensatz *multi Graeci*, eingebettet in den Einleiter *quam*. *quam* kann vier Bedeutungen haben: 1. als Relativpronomen im Akkusativ Femininum Singular, 2. als Komparationspräposition *als*, 3. als Superlativadverb *möglichst*, 4. als Frageadverb *wie*. In dieser letzten Funktion als Frageadverb fungiert es hier. *de harum valvarum pulchritudine* ist ein präpositionaler Ausdruck mit eingeklammertem Genitivattribut. *scriptum* ist substantivierter Neutrum Singular vom PPP von *scribere*, *schreiben*. So kommt die Form *Geschriebenes* zustande, hier als Akkusativobjekt zum Prädikat *reliquerint*. Es könnte auch als *Schriftstück* oder *Schriftliches* übersetzt werden. Weil es sich um einen indirekten Fragesatz handelt, steht das Prädikat übrigens im Konjunktiv.

12. Ihr nämlich, Senatoren, – schwer zu sagen ist es, aber dennoch muss es gesagt werden – ihr, sage ich, habt Servius Sulpicius das Leben genommen.

    In den Hauptsatz ist hier eine Parenthese eingelassen. Eine Parenthese ist wörtlich ein «daneben hineingesetzter» Satz, also ein Hauptsatz, der in Gedankenstrichen einfach mitten in einem anderen Satz steht, ohne Einleiter, ohne grammatischen Zusammenhang. Diese Parenthese muss also separat vom anderen Satz übersetzt werden und später wieder eingefügt werden. Prädikat der Parenthese ist *est*, das sich sowohl auf das Supin 2 *dictu* als auch auf das prädikative Gerundivum *dicendum (es muss gesagt werden)* bezieht. Der Rahmensatz besteht aus dem Subjekt *vos*, das als *patres conscripti*, als *Senatoren*, angesprochen wird und sogar ein zweites mal wiederholt wird. Diese Form der rhetorischen Doppelbetonung bezeichnet man als Geminatio (Verzwiefachung) oder Anadiplose (Verdopplung). Direktes Objekt ist *Ser. Sulpicium*. Das Prädikat *privastis* weist gleich zwei Besonderheiten auf: erstens steht das Verb *privare*, *berauben*, mit Ablativus separativus. Bei wörtlicher Übersetzung konstruiert man hier im Deutschen den Genitiv: «*ihr habt Servius Sulpicius des Lebens beraubt*». Frei umgeformt kommt so meine Übersetzung zustande: «*ihr habt dem Servius Sulpicius [bei mir indirektes Objekt] das Leben [bei mir direktes Objekt] geraubt.*» Zweitens dürfte die Form *privastis* irritieren. Hierbei handelt es sich um eine sog. Elision («Ausstoßung»), in deren Folge der vokalische Stamm (*priva-*) mit dem vokalischen Anlaut der Endung (*-isti, -istis*) unter Ausfall des Perfekt-v verschmilzt. Eine weitere Kurzform der Parenthese ist das verstärkende Prädikat *inquam*, *sage ich*, das weder mit dem Rahmensatz noch mit der anderen Parenthese etwas zu tun hat.

Lösungen: Konjunktionen und indirekte Fragen

1.   nicht so sehr Masse als vielmehr Maß

2.   entweder für die Bundesgenossen oder in Bezug auf die Herrschaft

3.   wie nämlich der Mündelschutz, so die Verwaltung ...

4.   Dann tätest du dieses mehr, wenn du da wärest.
     Eine klassische irreale Periode, bestehend aus Bedingungssatz *(si)* und Folgesatz *(dann)*.

5.   Wer er war oder was er wollte, fragte er.
     Auch wenn dieser Satz aus dem Zusammenhang gerissen, scheinbar nur ein Subjekt hat *(er)*, sind es in Wahrheit zwei unterschiedliche 3. Personen.

6.   Niemals würde er dies sagen, wenn er sich selbst hörte.
     hörte ist hier Konjunktiv Präteritum und darf wegen der Formengleichheit mit dem Indikativ grundsätzlich mit *würde* umschrieben werden. Da es sich jedoch um einen *wenn*-Satz handelt, sollte man darauf verzichten.

7.   Ihr müsstet mir nicht verzeihen, wenn ich schweige.

8.   nicht nur mit Waffen sondern auch durch Intelligenz und Weisheit

9.   Was hätte ich tun können, wenn ich damals nicht Konsul gewesen wäre?
     Der deutsche Konjunktiv Plusquamperfekt von *können* müsste eigentlich lauten: *was hätte ich gekonnt*. Eingebürgert hat sich hingegen die von mir verwendete Form.

10. Unklar ist, ob Lucius Lucullus dieses Gesetz einbrachte.

11. nicht nur Aufstände, sondern sogar unheilbringende Bürgerkriege

12. Männer, nicht nur nicht ohne Rücksicht, sondern nicht einmal ohne Furcht

13. Zu überlegen ist, ob etwas moralisch oder verwerflich ist.

14. Wenn ich aber wüsste, was dir gefiele, wäre ich ohne Sorge.
     quodsi, wenn aber kann auch getrennt geschrieben werden *(quod si)*. Dies gilt auch für andere ursprünglich aus mehreren Worten zusammengesetzte Adverbien und Konjunktionen *(qua re, quem ad modum, post quam)*.

15. Ich fürchte, dass ich was Anmaßenderes bei solchen Männern zu sagen scheine.
     videri hat einen deponenten Charakter. So heißt es nur sehr selten wirklich *gesehen werden*, meist dagegen *scheinen*.

16. Wenn du zum Heer gekommen wärest, wärest du von den Militärtribunen gesehen worden.

17. Diese Dinge werden wir dann beklagen, wenn was in Bezug auf euch durch diesen Stand getan wird.

18. nicht nur in ewiger Gemeinschaft und Freundschaft sondern sogar Verwandtschaft

19. Wenn ich selbst schriebe, wäre der Brief länger gewesen, aber ich habe diktiert, wegen der Augenentzündung.
     In dieser irrealen Periode benutzt Cicero zunächst den Konjunktiv Imperfekt, weil er sich auf eine zum Zeitpunkt des Schreibens noch erfüllbare Bedingung bezieht (er könnte noch selbst schreiben, wenn die Augenentzündung ausheilte). Anschließend nimmt er jedoch die Perspektive des Adressaten an, der bereits den fertigen Brief in Händen hält und vor vollendeten, nicht mehr zu ändernden Tatsachen steht (der Brief kann nicht mehr länger werden, da er schon verschickt ist), daher der Konjunktiv Plusquamperfekt (unerfüllbare Aussage). Schießlich folgt eine faktische Begründung. Weil sie ebenfalls für den Blickwinkel des Empfängers (für den das Diktat beim Erhalt des Briefes bereits Vergangenheit ist) geschrieben ist, steht sie im Indikativ Perfekt.

20. Erkundige dich in Bezug auf Blesamius, ob er was an den König gegen deine Standeswürde geschrieben hat.

21. Hinzukam auch diese Meinung vielleicht, weil dem Menschen im Vergleich zum Menschen nichts schöner erscheint.

Ich persönlich habe mich für ein kausales *quod* entschieden, auch wenn ein faktisches *quod* auf den ersten Blick scheinbar mehr Sinn macht. Beim genaueren Nachdenken verlangt eine Meinungsäußerung jedoch eine andere Konstruktion: den AcI, mit dem wir uns später beschäftigen. Den Ablativus comparationis löse ich hier stellungskonservativ mit dem deutschen präpositionalen Ausdruck «im Vergleich zu» auf. Natürlich ist auch *als* möglich – dazu müsste ich jedoch umstellen.

22. Der Senat beschloss, dass die Konsuln sich Mühe geben sollten, dass der Staat nicht irgendwas an Schaden nahm.

Diese ritualisierte Amtsfloskel bevollmächtigte die Konsuln zu uneingeschränkter Amtsgewalt. Statt einer wörtlichen Übersetzung von *operam dare* liest man meist *darauf achten, sich darum kümmern*. *quid* steht für *aliquid* (siehe Lehrbuch S. 197). Statt *irgendwas an Schaden* kann man auch sagen: *irgendeinen Schaden*.

23. Aber nachdem der Senat in Bezug auf den Krieg von diesen erfahren hat, werden drei Heranwachsende nach Africa gesandt.

accipere wird hier intransitiv, also ohne Akkusativobjekt verwendet.

24. Genuss selbst vernachlässigte er; dies täte er nicht, wenn er im Vergnügen das höchste Gut ansiedeln würde.

Dieser philosophische Satz enthält einen relativen Satzanschluss *(quod)*. *ponere*, setzen, stellen, legen, übersetze ich hier etwas freier mit *ansiedeln*. *ponere in* kann man auch übersetzen als *zählen zu, beruhen lassen auf*.

25. Dass du (es) gut gemeint hast irgendwann, lobe ich; dass du nicht angezeigt hast, danke ich; dass du (es) nicht getan hast, entschuldige ich.

Dieser Satz soll vor allem dazu dienen, die Funktion des faktischen *quod* und seiner Signalverben zu illustrieren. *laudare, loben, gratias agere, danken, ignoscere, entschuldigen, dolere, betrauern, gaudere, sich freuen* – diese und noch mehr Verben ziehen auch im Lateinischen einen «dass-Satz» nach sich, den wir beim AcI im Deutschen ergänzen müssen.

26. Du tust also dasselbe, welches du tätest, wenn du in irgendein Haus voll von Schmuckstücken oder eine Villa gekommen wärest?

Das Adjektiv *plenus, voll,* steht mit dem Genitivus partitivus (hier: *ornamentorum*) zur Angabe der Quantität.

27. Gaius Billienus wäre zum Konsul gewählt worden, wenn er nicht in die marianischen Konsulate und in diese Zwangslagen der Bewerbung geraten wäre.

Der Infinitiv Präsens Passiv von *facere* lautet *fieri, werden, geschehen, gemacht werden*. Analog wird auch das Perfekt Passiv mit dem PPP von *facere* gebildet. Statt *gemacht werden* übersetze ich mit *gewählt werden*. *incidere* kommt mit zwei Bedeutungen vor, 1. hineinschlagen 2. hineinfallen. Wenn in der Prüfung nicht vorgelesen wird (dabei könnte man am langen, bzw. kurzen i den Unterschied erkennen) muss der Zusammenhang entscheiden. *in* steht beide Male mit dem Akkusativ.

28. Fort zu den Göttern ging Herkules: niemals wäre er fortgegangen, wenn er nicht, während er unter den Menschen war, sich diesen Weg gefestigt hätte.

Ein klassischer Irrealis der Vergangenheit – unerfüllbar und im Plusquamperfekt.

29. Denn in Griechenland selbst wäre (hätte) die Philosophie niemals in so großer Ehre gewesen (gestanden), wenn sie nicht in den Streitgesprächen und Meinungsverschiedenheiten der Gelehrtesten in Blüte gestanden hätte.

Dass man einen Ablativ nicht immer mit der stupiden Präposition *durch* übersetzen muss, soll auch dieses Beispiel zeigen. *doctissimorum* ist substantiviertes PPP im Superlativ/Elativ. *vigere, Kraft haben,* habe ich hier etwas epischer wiedergegeben.

30. Mein Altersgenosse Gnaius Pompeius aber, ein Mann, der zu allen höchsten Dingen geboren worden ist, hätte einen größeren Ruhm des Redens (= für seine Rhetorik) gehabt, wenn ihn nicht die Begierde nach größerem Ruhm zu kriegerischen Ehrungen hingezogen hätte.

Eine Anhäufung von Substantiven im gleichen Kasus (hier: Nominativ) spricht immer dafür, dass entweder ein Prädikativum oder eine sogenannte Apposition, also ein substantivisches Attribut, vorliegt. Dies ist hier der Fall. Dementsprechend hänge ich ab einem bestimmten Punkt weitere substantivische Ergänzungen nur noch durch Kommata an *(..., ein Mann, der ...)*. *natus* ist PPP als Eigenschaftsattribut und lässt sich besonders elegant als Relativsatz übersetzen. Nach Substantiven wie *cupiditas, Begierde,* folgt ein Genitivus obiectivus, da der Genitiv das Objekt der Begierde beinhaltet.

31. Also ist Sulla, wie es oben gesagt worden ist, nachdem er nach Africa und in das Lager des Marius mit seiner Reiterei gekommen war, ungebildet vorher und unerfahren im Krieg, zum Tapfersten von allen in sehr kurzer Zeit (singularisiert) gemacht worden.

Auch dieser Satz bietet reichlich Herausforderungen: Zunächst gilt es den Hauptsatz von den Nebensätzen zu lösen. Dabei fällt ein doppelter Nominativ (*Sulla* und *sollertissimus*) in Verbindung mit *factus est* (Perfekt Passiv von *fieri*, *gemacht werden*) auf. Erschwerend tritt nun zum Subjekt Sulla noch ein weiteres Attribut hinzu *(rudis antea et ignarus belli)*, das man am besten wörtlich-undekliniert in seiner Stellung belässt. Pluralformen wie *paucis tempestatibus* sind typisch für Sallust und können kaum wörtlich belassen werden. Die Singularisierung ist allerdings kenntlich zu machen. Erst jetzt sollte man die Nebensätze wieder in den Satz reintegrieren. Dabei ist wie immer auf das Zeitverhältnis von *postquam* zu achten.

32. Hinzukam auch, dass jener Teil der Reiterei der Usipeter und Tenctherer, welchen ich oben erwähnt habe, nach der Flucht der Ihren sich über den Rhein in das Gebiet der Sugambrer zurückgezogen hatte und sich mit diesen verbunden hatte.

Auf *accessit, es kam hinzu,* folgt ein faktisches *quod. equitatus* ist Genitiv Singular der u-Deklination. *quam* bezieht sich auf *pars* (feminin).
sui, suorum, ist ein substantiviertes Possessivpronomen in der Bedeutung *die Seinen, die Ihren* oder *seine Leute, ihre Leute. se recipere, sich zurückziehen,* gehört zur caesarischen Idiomatik.

Funktionen des Ablativs ohne Präposition

(«Ablativbaum»)

Ausgehend von den vier Stammfunktionen lassen sich weitere Funktionen abzweigen:

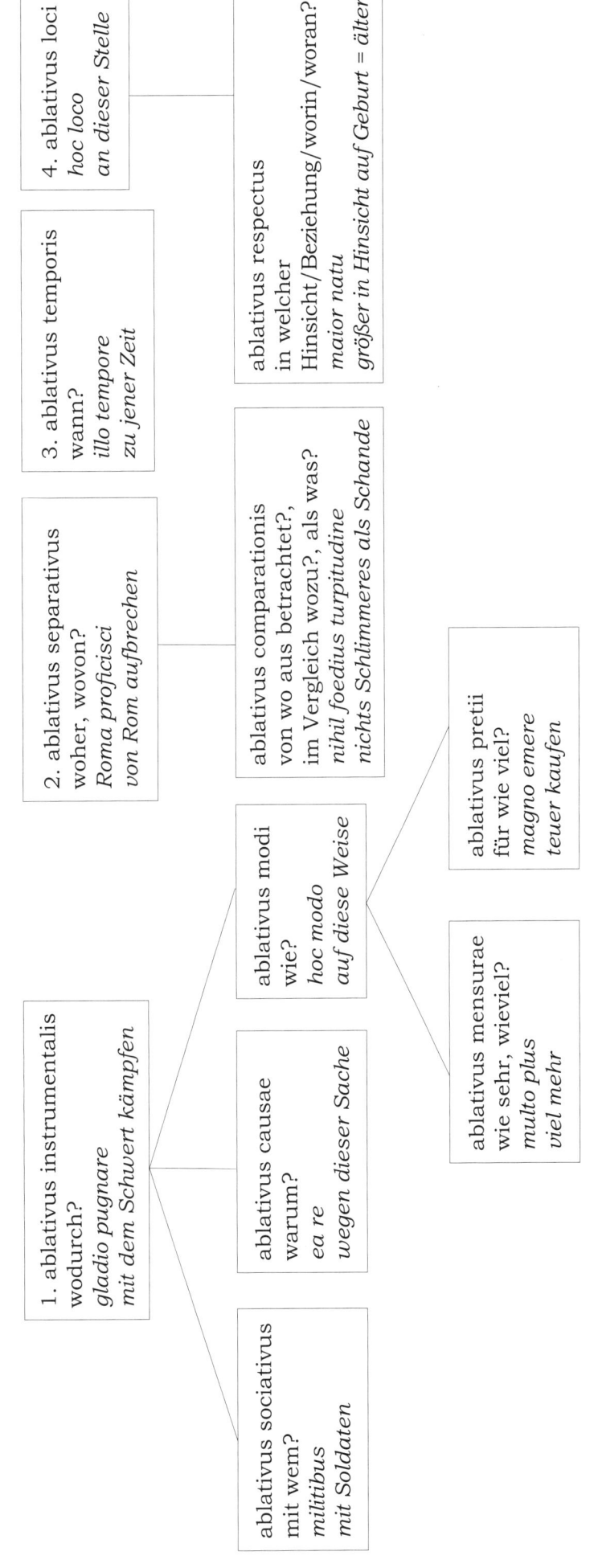

1. ablativus instrumentalis
wodurch?
gladio pugnare
mit dem Schwert kämpfen

2. ablativus separativus
woher, wovon?
Roma proficisci
von Rom aufbrechen

3. ablativus temporis
wann?
illo tempore
zu jener Zeit

4. ablativus loci
hoc loco
an dieser Stelle

ablativus sociativus
mit wem?
militibus
mit Soldaten

ablativus causae
warum?
ea re
wegen dieser Sache

ablativus modi
wie?
hoc modo
auf diese Weise

ablativus comparationis
von wo aus betrachtet?,
im Vergleich wozu?, als was?
nihil foedius turpitudine
nichts Schlimmeres als Schande

ablativus respectus
in welcher
Hinsicht/Beziehung/worin/woran?
maior natu
größer in Hinsicht auf Geburt = älter

ablativus mensurae
wie sehr, wieviel?
multo plus
viel mehr

ablativus pretii
für wie viel?
magno emere
teuer kaufen

85

Lösungen: Kasusfunktionen

1. Für weise gehalten werden kann niemand.

2. Ambiorix gibt sich als Helfer aus.

3. Den Vorwand des Nutzens hielt er für falsch.

4. Dir übergeben wir uns völlig und ganz.
   Hier treffen Adverb *(penitus)* und Prädikativum *(totos* zum Objekt *nos)* aufeinander.

5. Viele waren teilnehmend (Teilnehmer) an der Verschwörung.

6. Italien war von griechischen Kolonien voll.

7. Wie der Wahnsinn so ist auch der Zorn des Verstandes nicht mächtig.

8. Nicht nur bei Papinius war er von dieser Bescheidenheit.

9. sowohl die Ruhe im Leben als auch die Angst vor dem Tod
   Hierbei handelt es sich um objektive Genitive.

10. Zu guten Männern lasst uns diese zählen, die (dafür) gehalten werden.

11. Dies schien diesen, welche anwesend waren, äußerst unwürdig.

12. Der Geist erinnert sich im Schlafe an vergangene Dinge.

13. In Kürze war eine verschiedenartige und verstreute Masse zu einer Bürgerschaft gemacht worden.

14. Pythagoras nennt die an Weisheit Interessierten Philosophen.

15. Eine Eigenschaft der Dummheit ist es die Fehler anderer zu sehen, die eigenen zu vergessen.

16. Pompeius ist von euch in dem das Meer betreffenden Krieg (Seeräuberkrieg) zum Feldherren gemacht worden.

17. Von Königen, von Völkern, von Nationen war der Senat Hafen und Zufluchtsort.

18. Was auch immer an Boshaftigkeit, Verbrechen, (und) Mord sein (vorkommen) wird, dies wird eine Eigenschaft der Roscier sein müssen.

Lösungen: Ablativus absolutus

1. **ohne deinen Willen**

   invitus, unwillig, ist ein verneintes Adjektiv. Da es sich um einen nominalen Absolutus handelt, sollte als Übersetzung nur der präpositionale Ausdruck mit *ohne* in Erwägung gezogen werden. Das Personalpronomen *te* steht nur beim Absolutus ohne Präposition.

2. **ohne den Willen von diesem**
   ohne seinen Willen

   Ich übersetze auch diesen nominalen Absolutus ähnlich dem vorigen. Lediglich das Personalpronomen ändert sich.

3. **nach Einnahme der Stadt**
   nachdem die Stadt eingenommen worden ist

   Beim AmP mit PPP bieten sich als Übersetzungen der präpositionale Ausdruck mit *nach* oder der Konjunktionalsatz mit *nachdem* an. Hier und im Folgenden schreibe ich für das vorzeitige Verhältnis nur das Perfekt, auch wenn je nach Zusammenhang auch Plusquamperfekt oder Futur 2 möglich sind (vgl. Tabelle Lehrbuch S. 264).

4. **unter diesem Urheber**
   unter der Urheberschaft von diesem

   Möglich ist hier auch eine etwas freiere Übersetzung: *auf Veranlassung von diesem hin.*

5. **während meiner Abwesenheit**
   während ich abwesend bin

   absens ist eigentlich das PPA zu *abesse, abwesend sein.* Auch für das gleichzeitige Verhältnis gilt hier und im Folgenden: Präsens steht stellvertretend auch für die anderen Tempora der Gleichzeitigkeit.

6. **nachdem ein Blutbad gemacht worden ist**
   nach Anrichtung eines Blutbades

   Die Grundbedeutung von *facere, machen,* kann je nach Zusammenhang auch freier übersetzt werden.

7. **nachdem die Tür geöffnet worden ist**
   nach Öffnung der Tür

   Hier kann auch der deutsche phraseologische Ausdruck *bei offener Tür* übersetzt werden.

8. **mit der Natur als Führerin**
   unter Führung der Natur

9. **nachdem die Sitte geändert worden ist**
   nach Änderung der Sitte

10. **nachdem das Geld gegeben worden ist**
    nach dem Geben des Geldes

    Gemeint sein kann hier auch *die Bezahlung des Geldes.*

11. **ohne den Willen des Naevius**
    ohne Naevius' Willen

12. **unter diesem Prätor**
    während der Prätur von diesem

13. **unter welchem Urheber?**
    unter wessen Urheberschaft?
    auf wessen Veranlassung hin?

14. **unter diesem Anstifter**
    auf Anstiftung von diesem hin

15. **während der Anklage von diesem**
    während dieser anklagt

16. ohne dass der Grund genannt worden ist
ohne Nennung eines Grundes

17. nach Aufstellung der Front
nachdem die Front aufgestellt worden ist

18. nach Beendigung des Krieges
nachdem der Krieg beendet worden ist

19. nach Besiegung des Pompeius
nachdem Pompeius besiegt worden ist

Wer hier übersetzt: «nach dem Sieg des Pompeius» lässt es natürlich etwas zu offen, ob nun Pompeius gesiegt hat oder besiegt worden ist (Vgl. Genitivus obiectivus).

20. unter Zustimmung von ihnen selbst
während sie selbst zustimmen

21. nach dem Ablaufen der Rennstrecke
nachdem die Rennstrecke abgelaufen worden ist

22. unter der Lehre der Natur
während die Natur lehrt

23. nach dem Tod des Sokrates
nachdem Sokrates gestorben ist

Das Deponens *mori, sterben* mit den Stammformen *morior, mortuus sum* ist übrigens das einzige lateinische Verb, dessen PPP-Stamm auf *-u* auslautet, also stark von der Regel abweicht.

24. nach Änderung des Planes
nachdem der Plan geändert worden ist

25. nach dem Sagen dieser Worte
nachdem diese Worte gesagt worden sind

26. zu Lebzeiten des Sokrates
während Sokrates lebt

27. nach dem Vollbringen dieser Taten
nachdem diese Taten vollbracht worden sind

Die Wendung *res gerere, Taten vollbringen,* ist feststehend.

28. nach Erhebung von Geschrei
nachdem sich Geschrei erhoben hat

Das PPP von *tollere sublatum* hat hier nicht die Bedeutung *aufheben, beseitigen,* sondern *erheben.*

29. nach Umkehr der Marschroute
nachdem die Marschroute umgekehrt worden ist

30. nach Vertreibung der Könige
nachdem die Könige vertrieben worden sind

31. in Abwesenheit des Konsuls
während der Konsul abwesend ist
ohne dass der Konsul da ist

32. nach dem Hören dieser Worte
nachdem diese Worte gehört worden sind

33. nach der Tötung weniger
    nachdem wenige getötet worden sind

34. nach Unterbrechung der Marschroute
    nachdem die Marschroute unterbrochen worden ist

35. nach Erkenntnis dieser Dinge
    nachdem diese Dinge erkannt worden sind

36. nach dem Hören dieser Schlacht
    nachdem diese Schlacht gehört worden ist
    Gemeint ist hier natürlich nicht, dass die Schlacht hört, sondern dass man von der Schlacht hört.

37. unter der Herrschaft des Romulus
    während Romulus herrscht

38. unter dem Konsul Carbo
    unter dem Konsulat des Carbo

39. nach Aufstellung der Soldaten
    nachdem die Soldaten aufgestellt worden sind

40. nach Herausnahme der Weisheit
    nachdem die Weisheit herausgenommen worden ist
    Im Deutschen möchte man hier gerne «mit Ausnahme der Weisheit» übersetzen und darf das auch gern tun.

41. nach dem Tod des Feldherrn
    nachdem der Feldherr gestorben ist

42. nachdem die Arbeit bald erledigt worden ist
    Sobald bestimmte Formen von Adverbien mit ins Spiel kommen, wird eine PSG-technische Übersetzung schwierig, weil sich Adverbien
    nicht immer zu Adjektiven konvertieren lassen. Denkbar wäre hier allerdings schon: *nach baldiger Erledigung der Arbeit.*

43. während wir zuhören
    Auch bei bestimmten PPAs klingt eine Substantivierung etwas unbeholfen *(während dem Hören von uns?).*

44. auf Anmahnung von vielen hin
    während viele anmahnten

45. nach Vollendung dieser Dinge
    nachdem diese Dinge vollendet worden sind

46. unter Zurückweichen aller
    während alle zurückweichen

47. unter dem Quästor Caecilius
    unter der Quästur des Caecilius
    Römische Amtsangaben wurden zu römischer Zeit aufgrund ihrer Korrelation mit dem römischen Kalender häufig auch als Zeitangaben verwendet.
    Dazu dient, wie auch in diesem Beispiel, der nominale Ablativus absolutus. Während im Lateinischen jedoch die Bezeichnung des Beamten selbst
    (quaestor, praetor, consul) verwendet wird, greifen wir bei der deutschen Substantivierung auf die Amtsbezeichnung zurück. Dabei handelt es sich
    um eine andere Form der Substantivierung als wir sie bisher (etwa bei nd-Formen oder beim AmP) kennengelernt haben. Orientiere dich an meinen
    Beispielen!

48. nach Erledigung dieser Dinge
    nachdem diese Dinge erledigt worden sind

49. nach Zurücklegung einer großen Marschroute
    nachdem eine große Marschroute zurückgelegt worden ist

    Wieder gebe ich *facere, machen,* freier wieder. Dabei sind grundsätzlich natürlich auch wörtlichere Übersetzungen möglich, etwa: *nach dem Machen einer großen Reise.*

50. in Abwesenheit des Feldherrn
    während der Feldherr abwesend ist

51. während Caelius heranwuchs
    im Jugendalter des Caelius

    Ein Ablativus absolutus mit substantivisch oder adjektivisch gebrauchten Verbaladjektiven wie *adulescens, heranwachsend,* ist immer ein Grenzfall zwischen AmP und nominalem Ablativus absolutus.

52. nach dem Vollbringen großer Taten
    nachdem große Taten vollbracht worden sind

53. nach dem Beschließen dieser Dinge
    nachdem diese Dinge beschlossen worden sind

54. nach Vorbereitung dieser Dinge
    nachdem diese Dinge vorbereitet worden sind

55. nach Entlassung eurer Versammlung
    nachdem eure Versammlung entlassen worden ist

56. unter dem Einschreiter Gabinius
    unter Einschreiten des Gabinius

    Auch hier gilt, was ich schon zu *quaestore Caecilio* angemerkt habe. Sinn dieser Angabe ist: *mit Veto des Gabinius.*

57. unter Verteidigung weniger
    während wenige verteidigen

58. unter Schreien aller
    während alle schreien

59. nach Zurücklassen aller Waffen
    nachdem alle Waffen zurückgelassen worden sind

60. unter dem Konsul Pompeius selbst
    unter dem Konsulat des Pompeius selbst

61. nach Zerschlagung der Verschwörung
    nachdem die Verschwörung zerschlagen worden ist

    Für die Bedeutung von *opprimere* geht hier statt meines freieren *zerschlagen* auch *unterdrücken* oder *vereiteln.*

62. nach Versammlung aller Truppen
    nachdem alle Truppen zusammengezogen worden sind

63. nach Überbringung der Meldung über den Sieg
    nachdem die Meldung über den Sieg überbracht worden ist

64. nach Zurücklegung einer großen Marschroute
    nachdem eine große Marschroute zurückgelegt worden ist

65. nach Dazwischenlegung eines weiten Abstandes
    nachdem eine weite Distanz dazwischen gebracht worden ist

66. unter mir als Führer und Urheber
unter meiner Führung und Urheberschaft
auf meine Leitung und Veranlassung hin

67. nach Einnahme eines für ein Feldlager geeigneten Ortes
nachdem ein für ein Feldlager geeigneter Ort eingenommen worden ist

castra, im Lateinischen Neutrum Plural, muss im Deutschen mit dem Singular wiedergegeben werden. Hier liegt die Form *castris* als Dativ in Verbindung mit dem Adjektiv *idoneus, geeignet (für),* vor.

68. nach Aussetzung einer großen Belohnung
nachdem eine große Belohnung ausgesetzt worden ist

69. nach Empfangen einer so großen Unannehmlichkeit
nachdem eine so große Unannehmlichkeit empfangen worden ist

Zugegeben: ein etwas sperriger Absolutus, dessen wörtliche Wiedergabe nicht befriedigt. Wenn ich aber freier werde, versteht es wieder keiner.

70. nachdem die Feinde von Caesar geschlagen worden sind

Wenn ich diesen AmP präpositionalisiere, könnte ein im Deutschen missverständlicher Ausdruck entstehen *(nach Schlagen der Feinde von Caesar)*, in dem nicht mehr klar ist, wer nun wen schlägt und wer wessen Feind ist.

71. nach Auslassung aller dieser Dinge
nachdem alle diese Dinge ausgelassen worden sind

72. unter tapferem Kämpfen der Bürger
während die Bürger tapfer kämpfen

73. während der Herrschaft des Tarquinius Superbus
während Tarquinius Superbus herrschte

74. nach Durchführung aller dieser Dinge
nachdem alle diese Dinge durchgeführt worden sind

75. nach Empfangen schwerer Wunden
nachdem schwere Wunden empfangen worden sind

76. während die Feinde einen Angriff machen

Generell kann man sich merken, dass eine Präpositionalisierung meistens dann nicht mehr gut funktioniert, wenn Objekte oder präpositionale Ausdrücke zur Erweiterung des Partizips in einen AmP reingemischt werden.

77. unter den Konsuln Lepidus und Volcatius
unter dem Konsulat des Lepidus und Volcatius

78. nach Erkenntnis des Wesens aller Dinge
nachdem das Wesen aller Dinge erkannt worden ist

Wer *natura* mit *Natur* übersetzt, macht meiner Ansicht nach keinen Fehler. Dennoch gilt es als unkreativ, wenn lateinische Wörter mit den deutschen Fremdwortpendants wiedergegeben werden. Falsch ist das immer dann, wenn unter dem lateinischen Begriff etwas anderes zu verstehen ist als unter dem deutschen.

79. unter dem Urheber und Mitberater Naevius
auf Anstiften und Anraten des Naevius hin

80. nach Erschrecken und unter Zögern der übrigen
nachdem die übrigen erschreckt worden sind und während sie zögern

Diese Kombination aus PPP und PPA innerhalb eines AmPs muss ganz streng nach dem Schema übersetzt werden – bitte keine Zeitstufen oder Diathesen vermischen.

81. nach Entfernung von Nächstenliebe und Freundlichkeit
nachdem Nächstenliebe und Freundlichkeit entfernt worden sind

82. unter mir einzigem mit der Toga bekleideten Führer und Herrscher
    unter meiner, des einzigen mit der Toga Bekleideten, Führung und Herrschaft

    Ein fürchterlicher AmP sowohl grammatisch als auch inhaltlich. Ich habe zurnächst die Grundpfeiler der Konstruktion isoliert: *me duce et imperatore*. *unter mir als Führer und Herrscher* oder *unter meiner Führung und Herrschaft*. Dieser nominale Absolutus ist nun erweitert durch die Attribute *uno togato*. *unus* ist ein Pronominaladjektiv, das besonders häufig die Bedeutung *einzig* trägt. Daneben geht natürlich auch *ein*. *togatus* ist eine Art PPP und heißt soviel wie «getogat» analog beispielsweise zu «gestiefelt». Das kann man so natürlich nicht stehen lassen und muss entsprechend umschreiben. Wenn man dabei dann auch noch wörtlich bleiben will, kommt dann so eine Wortblase von Ablativus absolutus raus. Aber auch das muss man mal gesehen haben.

83. nach Einnahme der Stadt und Zurücklassung aller Waffen
    nachdem die Stadt eingenommen und alle Waffen zurückgelassen worden sind

84. nach höchst gewissenhafter Leitung des Staates
    nachdem der Staat höchst gewissenhaft geleitet worden ist

    Ein Trick, um Adverbien (hier: *diligentissime*) bei der deutschen Präpositionalisierung eines AmPs unterzubringen, besteht darin, sie einfach in Adjektive umzuwandeln (*gewissenhafte Leitung*).

85. nach Verbrauch aller Vermögen der Bundesgenossen
    nachdem alle Vermögen der Bundesgenossen verbraucht worden sind

86. unter dem Herrscher Hamilcar, dem Vater des Hannibal
    unter der Herrschaft des Vaters des Hannibal Hamilcar

87. nach Aufstellung und Ausrüstung einer Gruppe von Sklaven
    nachdem eine Gruppe von Sklaven aufgestellt und ausgerüstet worden ist

    manus, die Hand, hat häufig den Sinn von *eine Hand voll. Eine Hand voll Leute* ist eine *Gruppe, eine Schar.*

88. nach Vollstopfung des Forum und Anfüllen aller Tempel
    nachdem das Forum vollgestopft und alle Tempel angefüllt worden sind

89. während der Feldherr sogar dann den Krieg leitet

    Wieder einer dieser AmPs, die sich nur widerwillig in die Präpositionalisierung zwingen lassen. Dann muss es eben der Konjunktionalsatz tun.

90. nach Vernachlässigung der richtigsten und anständigsten Beschäftigungen
    nachdem die richtigsten und anständigsten Beschäftigungen vernachlässigt worden sind

91. nach Beendigung dieses Kampfes und Reduzierung des Stammes und Namens der Nervier nahezu (bis) zur Auslöschung
    nachdem dieser Kampf beendet worden ist und Stamm und Name der Nervier nahezu zur Auslöschung reduziert worden sind

    Ein besonders langer und umständlicher AmP, der eigentlich aus zwei AmPs besteht (*proelio facto* und *gente ac nomine redacto*), die sich auch gut getrennt übersetzen lassen. Der zweite ist so ganz in Caesars charmanter Art gehalten, nebensächliche Informationen zu verpacken – hier das Thema Völkermord.

92. unter dem selben Publius Lentulus als Urheber und während zugleich der Kollege unterstützt, einer dagegen stimmt, niemand ein Veto einlegt

    In diese Konstruktion ist alles hineingepackt, was das Thema Absolutus zu bieten hat: ein nominaler (*P. Lentulo auctore*) und drei hintereinandergeschaltete AmPs mit reichlich attributivem Baufett. Ich kann es mir nicht verkneifen hier den einfachen Weg der freien Übersetzung zu gehen: *Auf Veranlassung des selben Publius Lentulus, mit Unterstützung des Kollegen, mit einer Gegenstimme und ohne Veto.*

Konjunktiv im Hauptsatz: Bezeichnung, Unterscheidung, Übersetzung

Tempus	Person	Signalwörter*	Konjunktiv	Übersetzung
Imperfekt	alle Personen	*utinam, doch* *vellem, doch*	Irrealis der Gegenwart: erfüllbarer Wunsch im Hauptsatz	immer wörtlich als deutscher Konj. Präteritum
		si	Irrealis der Gegenwart: erfüllbare Bedingung im Nebensatz	immer wörtlich als deutscher Konj. Präteritum
Plusquamperfekt	alle Personen	*utinam, doch* *vellem, doch*	Irrealis der Vergangenheit: unerfüllbarer Wunsch im Hauptsatz	immer wörtlich als deutscher Konj. Präteritum
		si	Irrealis der Vergangenheit: unerfüllbare Bedingung im Nebensatz	immer wörtlich als deutscher Konj. Präteritum
Präsens und Perfekt sind analog und werden präsentisch übersetzt; dabei kommen deutsche Konjunktivformen vor, die nicht Präsens oder Perfekt sein müssen, z.B. der – deutsche – Konj. Präteritum «könnte».	alle Personen	*licet, meinetwegen* *fortasse, vielleicht* *forsitan, vielleicht* *haud scio an, vielleicht* *sane, ruhig*	Potentialis (Möglichkeit) = Concessivus (Einräumung, Zugeständnis)	*können,* *dürfen*
		oportet, möglichst *utinam, doch* *velim, bitte* *fac, nur*	Optativus (Wunsch)	*sollen,* *mögen*
	nur 1. Person Singular	«?»: immer als direkte Frage mit Fragezeichen	Deliberativus (Überlegung)	*«Soll ich ...?»*
	nur 1. Person Plural	-	Adhortativus = Hortativus (Aufforderung)	*«Lasst uns ...»*
	nur 3. Person	*oportet, möglichst* *necesse est, unbedingt* *licet, meinetwegen*	Iussivus (Gebot)	*«er/sie/es soll»* *«sie sollen»*
	nur 2. Person	immer verneint mit: *cave, bloß nicht* *ne, nicht* *nihil, nichts*	Prohibitivus (Verbot)	*«du sollst nicht»* *«ihr sollt nicht»*

* einige Signalwörter sind fakultativ, d.h. sie können, müssen aber nicht stehen!

Lösungen: Konjunktiv im Hauptsatz

1. **Lasst uns gehen.**
   Die 1. Person Plural spricht für den Adhortativus.

2. **Wenn du doch da wärest!**
   Utinam mit dem Konjunktiv Imperfekt dient zur Bildung eines erfüllbaren, irrealen Wunsches. Im Deutschen muss ich den Konjunktiv Imperfekt wörtlich übersetzen (mit dem Konjunktiv Präteritum).

3. **Was soll ich mehr sagen?**
   Eine überlegende Frage der 1. Person heißt Deliberativus *(deliberare, überlegen)*.

4. **Wenn du doch nur vorher (hin)geschaut hättest.**
   Wenn du (es) doch nur vorher gesehen hättest.
   Je nach Zusammenhang sind hier beide Lösungen möglich. Ähnlich wie Subjekte im Lateinischen nicht immer genannt werden, sondern aus dem Prädikat erschlossen werden müssen, müssen auch logische Objekte (wie hier *es*) in der deutschen Übersetzung ergänzt werden. *Utinam* mit dem Konjunktiv Plusquamperfekt bildet einen unerfüllbaren, irrealen Wunsch. Auch hier muss im Deutschen wörtlich mit dem Konjunktiv Plusquamperfekt übersetzt werden.

5. **Diesen soll ich nicht mögen?**
   Wieder eine überlegende Frage in der 1. Person (Deliberativus).

6. **Du sollst bloß Sorgfalt anwenden.**
   Auch hier handelt es sich um einen Wunsch an die 2. Person (Optativus). Gerade bei der 2. Person kann der Optativus teilweise so verbindlich sein, dass er sich dem Iussivus nähert.

7. **Wenn doch Lucius Caesar gesund wäre!**
   Erfüllbarer Irrealis im Konjunktiv Imperfekt (auch Irrealis der Gegenwart), im Deutschen wörtlich zu übersetzen.

8. **Hoffentlich darf ich jenen Tag sehen.**

   Utinam mit dem Konjunktiv Präsens drückt eine Hoffnung oder einen Wunsch (Optativus) aus.

9. **Wenn doch die Republik Bestand gehabt hätte!**

   Ein unerfüllbarer Wunsch im Konjunktiv Plusquamperfekt. Man bezeichnet ihn auch als Irrealis der Vergangenheit.

10. **Was tue ich Erwähnung in Bezug auf diese Sache?**

    Eine Überlegung der 1. Person Singular mit Fragezeichen: Deliberativus. *commemorare* lässt sich im Deutschen nicht ganz ohne Umstände übersetzen, weil man bei einer wörtlichen Übersetzung (etwa mit *erwähnen*) den präpositionalen Ausdruck nicht mehr gut unterbringen kann. Deshalb meine etwas altertümliche Formulierung. Man kann sich natürlich auch die Freiheit nehmen und übersetzen: *Warum erwähne ich diese Sache?* Aber dabei dürften einem ungeübten Anfänger die grammatischen Bezüge nicht mehr klar ein.

11. **Du sollst diese Dinge bitte widerlegen, wenn du kannst.**

    Eine Bitte an die 2. Person (hier mit der optionalen Einleitung *velim*) bezeichnet man als Optativus. *ea* ist substantiviertes Pronomen im Neutrum Plural. Die Bedeutung *widerlegen* für *reprehendere* ist hier kontext-dependent (vom Zusammenhang abhängig).

12. **Zwei Vorsätze des Platon sollen sie einhalten.**

    Hier handelt es sich um einen Konjunktiv der 3. Person im Sinne eines Befehls (Iussivus). Der Genitiv *Platonis* ist eingeklammert.

13. **Soll er bitte die Boshaftigkeit der Pächter kennen.**

    Hier handelt es sich über kurz oder lang um einen Iussivus, einen Befehl an die 3. Person im Konjunktiv Präsens.

14. **Du sollst (es) mir bitte sagen, wenn es nicht lästig ist.**

    Hier handelt es sich wieder um einen freundlichen, aber verbindlichen Wunsch an die 2. Person (Optativus). Das Objekt *es* muss zur Verdeutlichung des Sinnes ergänzt werden. Gleiches gilt auch für das Subjekt *es* im Nebensatz.

15. **Und wenn doch nur jene Lieder noch existierten!**

    Dies ist wieder ein erfüllbarer, aber irrealer Wunsch (Irrealis der Gegenwart) und muss wörtlich übersetzt werden.

16. **Denke bloß daran, in welch großem Unglück du bist.**

    Fac leitet hier einen Optativus der 2. Person ein. Abhängig von *cogitare* ist hier ein indirekter Fragesatz, den man am Fragepronomen *(quanta)* und am Konjunktiv *(sis)* erkennt.

17. **Nicht jeden würde ich dieses selbe fragen.**

    Konjunktiv Imperfekt im Hauptsatz – Irrealis der Gegenwart.

18. **Wenn doch auch jener Lucius Lucullus dasäße!**

    Konjunktiv Imperfekt im Hauptsatz, eingeleitet durch *utinam*, macht einen irrealen, aber erfüllbaren Wunsch.

19. **Und wenn dieses doch von Anfang an dir gefallen hätte!**

    Konjunktiv Plusquamperfekt im Hauptsatz (Irrealis der Vergangenheit), eingeleitet mit *utinam*, dient zur Bildung eines unerfüllbaren Wunsches. Auch den Konjunktiv Plusquamperfekt müssen wir im Deutschen wörtlich wiedergeben.

20. **Wenn doch jener alle seine Truppen mit sich herausgeführt hätte!**

    Wieder ein Irrealis der Vergangenheit als unerfüllbarer Wunsch, erkennbar am Konjunktiv Plusquamperfekt und am einleitenden *utinam*. Die Form *omnis* ist ein Akkusativ Plural mit Einfärbung der i-Deklination.

21. **Entweder soll er möglichst schweigen oder er wird nicht einmal als geistig gesund eingeschätzt.**

    Irritierend ist an diesem Satz zunächst die Form *oportebit*. Es handelt sich dabei um ein Futur zu *oportet*. *oportere, angebracht sein* ist der Wortart nach ein Verb, lässt sich aber in Verbindung mit einem Konjunktiv im Hauptsatz am einfachsten als Adverb *(möglichst, vorzugsweise)* übersetzen. Dabei geht der temporale, hier also futurische Aspekt verloren, muss also auch nicht unbedingt beachtet werden. Die zweite Schwierigkeit stellt die Form *iudicetur* dar: *iudicare, beurteilen, einschätzen* gehört zu den Verben mit doppeltem Kasus. Im Aktiv erscheint es mit doppeltem Akkusativ *(jemanden einschätzen als)*, im Passiv folglich mit doppeltem Nominativ *(eingeschätzt werden als)*. Das Subjekt *(er)* steckt bei diesem Satz in den Prädikaten *(taceat, iudicetur)*, der zweite Nominativ, das prädikative Attribut zu *iudicetur*, ist dann *sanus*.

22. **Soll ich nach Rom kommen oder hier bleiben oder nach Arpinum fliehen?**

    Eine klassische überlegende Frage der 1. Person (Deliberativus). Einprägen solltest du dir auch die Orts- und Richtungsangaben *(Romam, hic, Arpinum)*.

23. Vielleicht ist es manchmal; wenn es aber doch immer wäre!

Das Subjekt *es* steht in diesem zusammenhanglosen Satz eher stellvertretend. Denn je nach Zusammenhang kann hier entweder ein maskulines oder feminines oder neutrales Subjekt ergänzt werden.

24. Er sagte: «Wenn ich doch nur als dritter euch als Freund zugeschrieben würde!»

Dieser delikate Satz beginnt mit der Einleitung eines Wunsches, und zwar eines erfüllbaren, irrealen Wunsches wie am Prädikat zu erkennen ist. Denn *adscriberer* ist, wenn sie auch selten vorkommt, 1. Person Singular Konjunktiv Imperfekt Passiv. Zu diesem Subjekt in der 1. Person Singular treten nun gleich zwei Prädikativa, die man beide durch den Präpositionen-Test mit *als* übersetzen kann.

25. Was soll ich über das Militärwesen sprechen, in welchem die Römer viel Macht hatten?

Ein Deliberativus ist an zwei Merkmalen zu erkennen: 1. steht er nur in der 1. Person Singular, 2. muss am Ende des Satzes ein Fragezeichen stehen.

26. Und wenn wir wir doch unter den Latinern ein Abbild eines solchen Redners finden könnten.

Konjunktiv Imperfekt mit *utinam* leitet einen erfüllbaren, irrealen Wunsch ein. *talis oratoris* ist vorangestelltes Genitivattribut und gehört im Deutschen hinter sein Bezugswort (hier: *simulacrum*).

27. Wenn wir uns doch unter uns hätten unterhalten können: bestimmt hätten wir irgendwas an Hilfe dem Staate leisten können.

Utinam mit Konjunktiv Plusquamperfekt leitet hier einen nicht erfüllbaren, irrealen Wunsch ein. *opis* ist ein Genitivus partitivus in Abhängigkeit von einer Quantitätsangabe.

28. Metellus dürfte wohl schon meine Zeugen festhalten, andere zwingen Lobreden zu halten, so wie er es bei vielen versucht hat.

29. Aber er kann ruhig kommen, kann den Kretern Krieg erklären, kann die Byzantier befreien, kann Ptolomaeus als König bezeichnen, was er will, kann er alles sagen und denken.

Dieser Satz lässt sich mit seinen Konjunktiven der 3. Person Präsens mit der Einleitung *sane* wohl am ehesten in die Kategorie Potentialis einordnen. Man könnte auch von einer lässigen Aufforderung ausgehen (i. S. v. *er soll ruhig kommen …*) oder sogar von einer Einräumung *(meinetwegen soll er kommen …)*. Eine nähere Betrachtung verdient noch das Verb *appellare* mit seinem doppeltem Akkusativ in der Bedeutung *jemanden anreden als*. Das direkte Objekt ist hier *Ptolomaeum*, das zugehörige prädikative Attribut *regem*.

Lösungen: AcI und NcI

1.   **Es schien, dass du das selbe sagtest.**
     Das Verb *videre* ist praktisch das einzige, von dem neben einer aktiven Form auch eine deponente Form existiert. Daher kann es im Deponent einen NcI, im Aktiv einen AcI einleiten.

2.   **Wer bestreitet, dass diese Dinge nützlich seien?**

3.   **Es wird aber gesagt, dass er weise gehandelt habe.**
     Der Subjektsnominativ *(er)* steckt hier im lateinischen Prädikat.

4.   **Sie lehren, dass eine (einzige) Hoffnung auf Rettung sei.**
     salutis ist Genitivus obiectivus nach *spes*. Statt *esse* wörtlich zu übersetzen, ist auch die Übersetzung mit *geben* gut möglich: *Sie lehren, dass es eine einzige Hoffnung auf Rettung gebe.*

5.   **Manlius befahl, dass sein Sohn getötet werden sollte.**
     Nach Verben des Befehlens darf im Deutschen ruhig auch die Form *sollen* zur Verdeutlichung ergänzt werden. Falsch ist es jedoch nicht, wenn man übersetzt: *Er befahl, dass sein Sohn getötet wurde.* Wichtig ist stets nur die Beachtung des Zeitverhältnisses.

6.   **Er befiehlt, dass die Waffen ausgeliefert werden (sollen), dass die Anführer vorgeführt werden (sollen).**
     Nach Verben des Befehlens wird die Intention des Befehls deutlicher, wenn man im Deutschen *sollen* ergänzt.

7.   **Ich will nicht, dass anderen dieser Ruhm vorenthalten worden ist.**
     Hinter dem elliptischen Infinitiv Perfekt Passiv *praereptam* (von *praeripere, vorwegnehmen, vorenthalten*) muss hier natürlich *esse* ergänzt werden. In einigen Sätzen, so auch hier, steht der AcI nach Formen von *velle, wollen* und *nolle, nicht wolle*n.

8.   **Dass dies in der Provinz geschieht, verbietet kein Gesetz.**
     lex, Gesetz, ist zuweilen schwer im Wörterbuch zu finden, weil es einen von x stark abweichenden Genitivstamm aufweist: *legis.*

9.   **Er antwortete, dass er in seinem Recht behindert werde.**
     respondere, antworten, hat die Stammformen *responde-, respond-, respons-,* – Präsens und Perfekt dürfen daher nicht verwechselt werden. Da es sich auch bei antworten um eine verbale Äußerung (also keinen Gedanken, Meinung oder subjektive Überzeugung) handelt, muss der Konjunktiv der indirekten Rede stehen. Das Reflexivpronomen *sese* ist nichts weiter als eine häufige Variante von *se* und hat keine besondere Bedeutung. *impediri* ist Infinitiv Passiv. Um dies ein für allemal klarzustellen: Die Diathese des Infinitivs hat mit der Entscheidung über AcI oder NcI absolut nichts zu tun. Einzig die Diathese des einleitenden Signalverbs gibt die Konstruktion vor.

10. **Sie sagen, dass sie leicht aufgrund der Natur des Ortes verteidigen würden.**
     se ist wieder reflexiver Subjektsakkusativ. Der Infinitiv ist elliptisch. Nach einem Verb des Sagens folgt hier der Konjunktiv der indirekten Rede.

11. **Du hast versichert, dass du selbst bald weggehen werdest.**

12. **Sie hoffen, dass diese Sache ihnen zum Schutze sein werde.**
     Ungeachtet des AcI ist der doppelte Dativ *(alicui praesidio esse)* eine wichtige Konstruktion der Kasuslehre. *sibi* ist reflexiv zum pluralen Subjekt. Der AcI ist elliptisch.

13. **In Bezug auf dich habe ich auch damals gesagt, von was ich glaubte, dass es gesagt werden musste.**
     Dieser elliptische und relativ verschränkte AcI bietet die Schwierigkeiten gleich in der Familienpackung. Eine relative Verschränkung erkennst du schlichtweg an der Tatsache, dass du einen Relativsatz wörtlich nicht übersetzt kriegst. Also arbeiten wir mit einer Umschreibungskonstruktion nach den im Lehrbuch angegebenen Arbeitsschritten: 1. bilde ich eine präpositionale Einleitung mit *von* + Dativ des Relativpronomens und hänge dann das Einleiterprädikat dran *(von was ich glaubte ...)*. Dann folgt der eigentliche *dass*-Satz. Dabei brauche ich den Subjektsakkusativ nicht noch einmal zu nennen – es genügt ein Personalpronomen *(..., dass es gesagt werden musste)*. Dabei muss ich das Zeitverhältnis zwischen dem Einleiterprädikat (Perfekt) und dem ausgefallenen *esse* (gleichzeitig, hier also Präteritum) beachten. Erschwerend hinzu kommt die Tatsache, dass *dicenda* substantiviertes Neutrum Plural ist und ich zur Verdeutlichung *Dinge* ergänzen oder, wie in meinem Vorschlag, singularisieren muss.

14. **Bei den Übrigen wird gesagt, dass sie die Weisesten gewesen seien.**

15. **Es wurde noch nicht gehört, dass Bibulus in Syrien gewesen sei.**

16. Es wird überliefert, dass Homer zu den Zeiten des Lycurg existiert/gelebt hat.

Für Eigennamen, die besonders häufig genannt werden oder berühmt sind, haben sich im Deutschen bestimmte, ein wenig barock klingende Kurzformen eingebürgert. So wird aus *Lycurgus* Lycurg und aus *Homerus* Homer, doch auch aus *Marcus Antonius* wird Marc Anton, aus *Sallustius Crispus* Sallust, aus *Valerius Catullus* Catull. Bei anderen Namen achte jedoch stets darauf, dass du sie im Deutschen mit ihrem lateinischen Nominativ wiedergibst, auch wenn sie im Lateinischen in einem anderen Kasus stehen. Es kann als Fehler angerechnet werden, wenn du einen Genitiv als «*des Ciceronis*» oder einen Dativ als «*dem Marco*» oder einen Ablativ als «*von Caesare*» übersetzt.

17. Was hast du geglaubt, dass diese damals in Bezug auf dich meinen würden?

18. Dann aber meinte Marius, dass nicht mehr gezögert werden dürfe.

Ebenso häufig wie nach dem PFA erscheint die Ellipse von *esse* nach dem prädikativen Gerundivum mit *esse*.

19. Ich habe den Zeugen versprochen, dass ich dies deutlich machen würde.

Subjektsakkusativ ist *me*, *id* ist normales direktes Objekt zu *facturum*, *testibus* ist indirektes Objekt zu *pollicitus sum*. *facturum* ist *elliptisch*.

20. Für alle stand fest, dass es nötig war, dass in Gallien überwintert wurde.

Es handelt sich um zwei AcIs, die voneinander abhängig sind. Beide bestehen grammatisch gesehen nur aus einem Einleiter (*constabat, oportere*) und einem Infinitiv (*oportere, hiemari*). Der erste Einleiter ist ebenso unpersönlicher Ausdruck wie der zweite Einleiter (*oportere*), der gleichzeitig Infinitiv des ersten AcI ist. Die Subjektsakkusative (*es*) lassen sich zwar als neutrale Subjekte aus den Verben *constabat* und *oportere* extrahieren, treten jedoch nicht eigens als Akkusative in Erscheinung. Bei *hiemari* ist noch die Diathese zu beachten.

21. Ich gestehe, dass ich Menschen versammelt habe, gestehe [, dass ich sie] bewaffnet habe.

Sobald Subjektsakkusativ und Objekt einer AcI-Konstruktion einmal genannt sind, neigt das Lateinische zur Sparsamkeit. So kommt es, dass im zweiten AcI derselbe Subjektsakkusativ (*me*) und dasselbe Objekt (*homines*) nicht noch einmal genannt werden, im Deutschen aber ergänzt werden müssen.

22. Er erklärte, dass er die tribunizische Macht wiederherstellen werde.

23. Er hat nämlich gewagt zu sagen, dass er seine Beute verkaufe.

suus richtet sich in KNG nach dem Besessenen, nicht nach dem Besitzer. Da es sowohl für alle Numeri als auch für alle Genera der 3. Person steht, kann es je nach Kontext *sein* oder *ihr* heißen.

24. Hast du zugelassen, dass mit dir in Bezug auf die Macht des Senates verhandelt wurde?

Auch hier fehlt streng genommen ein Subjektsakkusativ, weil der Infinitiv (*agi*) ein unpersönlicher Ausdruck ist (von *agitur, es wird verhandelt*).

25. Er antwortete, dass er geglaubt habe, dass dies niemand tun werde.

Doppelte AcIs sind nicht selten. So ist hier zunächst ein AcI von *respondit* in indirekter Rede abhängig: *se putavisse*. Von *putavisse*, einem klassischen AcI-Einleiter, ist nun wiederum ein zweiter (elliptischer) AcI abhängig: *neminem facturum*. Beachte hier unbedingt die Zeitverhältnisse!

26. Die zwei Söhne, die in der Nähe schliefen, sagten, dass sie (es) nicht einmal bemerkt hätten.

Nach manchen Verben erscheinen im Deutschen kleine Objekte (*es*), die im Lateinischen hinzugedacht werden müssen. Besonders augenfällig ist an dieser Konstruktion noch die Stellung der AcI-Elemente, z. B. der Subjektsakkusativ *se* am Ende.

27. Wie groß glaubst du, dass der Einfluss der Lobrede von diesen sein werde?

28. Wir sehen, dass wir immer wachsam sein, immer arbeiten müssen.

Durch die Ellipse von *esse* und den Dativus auctoris scheint dieser AcI auf den ersten Blick schwer zu knacken. Abhängig von dem Einleiter *videmus* sind zwei prädikative Gerundiva mit neutralem Subjekt (*vigilandum esse, laborandum esse*). *Nobis* ist Dativus auctoris und muss zum Subjekt der Gerundiv-konstruktion gemacht werden. Dadurch entsteht in meiner Übersetzung der Eindruck, als würde ich *nobis* als Subjektsakkusativ auffassen. Um diesen Eindruck zu vermeiden, könnte man jedoch auch übersetzen: *Wir sehen, dass von uns immer gewacht werden, immer gearbeitet werden muss*.

29. Es wird aber gesagt, dass Theophrastus sterbend die Natur angeklagt habe.

Der Infinitiv *accusasse* ist eine Kurzform für *accusavisse*. Das PPA *moriens* übersetze ich wörtlich-undekliniert.

30. Sie berichten, dass die Sueben alle zu den äußersten Grenzen sich zurückgezogen hätten.

31. Er versicherte und versprach, dass ihm diese Sache am Herzen liegen werde.

Der doppelte Dativ *alicui curae esse* wird phraseologisch mit *jemandem am Herzen liegen* übersetzt.

32. Sie versprechen, dass sie sich ihm ausliefern und die befohlenen Dinge tun würden.

33. Die designierten Konsuln bestritten, dass sie es wagten in den Senat zu kommen.

34. Während er abreist, versichert er, dass er nach dem siebten Tag zurückkehren werde.

35. Auch jenes erkenne ich, Quiriten, dass die Gesichter aller auf mich gerichtet worden sind.

    Der Wörterbucheintrag des Stammes von *ora (or-)* dürfte schwer zu finden sein, weil der Nominativ *os, Mund, Gesicht,* lautet. Daneben gibt es ein weiteres Substantiv *os, Knochen,* mit dem Stamm *oss-*. Am besten merkt man sich:

    os, oris, das Mündchen,
    os, ossis frisst's Hündchen.

    oder sogar mit Geschlecht:

    os, oris Mund, os, ossis, Gebein,
    müssen beide Neutra sein.

36. Er gesteht, dass er nicht hübsch reden, nicht nach Gefallen sprechen könne.

37. Nun scheint es, dass jenes, welches ich übergangen habe, nicht völlig weggelassen werden darf.

38. Nachdem er glaubte, dass dieser Krieg schnell beendet werden könne, führte er dorthin sein Heer.

    Von einem prädikativen PPDep ohne *esse (arbitratus)* ist dieser AcI abhängig. *eo, dorthin,* kann leicht mit dem gleichlautenden Pronomen verwechselt werden. Aus dem Zusammenhang mit *ducere, führen,* lässt sich jedoch die adverbiale Form erraten.

39. Zu welcher Zeit glaubst du, dass es nötig gewesen sei, dass Quinctius abwesend verteidigt wurde.

    absentem ist prädikativ und sollte wörtlich-undekliniert übersetzt werden.

40. Glaubst du etwa, dass entweder jene Konsuln oder die berühmtesten Männer getadelt werden dürften?

41. Glaubst du, dass bei der Ruinierung von allen deine Besitztümer unantastbar sein würden?

42. Denn er hat den Grund seines Jähzornes nicht verheimlicht und glaubte nicht, dass er verheimlicht werden solle.

    Wie bereits vorher erwähnt, kann ein einmal erwähntes Bezugswort auch noch für die folgenden Konstruktionen nachwirken. So ist hier *causam* einerseits Objekt zu *occultavit,* andererseits Subjektsakkusativ des elliptischen Infinitivs *reticendam (esse)*.

43. Ich kann nicht vergessen, dass dieses mein Vaterland ist, dass ich der Konsul von diesen bin.

44. Mir scheint es, dass in Anbetracht der übrigen Gewalttätigkeit und des Wahnsinns von diesem nicht einmal dieses zu verwundern ist.

    In diesem elliptischen AcI liegt ein Gerundivum mit neutralem Subjekt vor. *ne … quidem, nicht einmal, …* ist immer wieder eine Fehlerquelle, weil beide Wörter einzeln völlig andere Bedeutungen haben.

45. Diese Dinge kamen mir im Allgemeinen in den Sinn, von welchen ich glaubte, dass sie gesagt werden mussten in Beziehung auf das Wesen der Götter.

    Bei der relativen Verschränkung eines AcIs ist das Relativpronomen in der einen oder anderen Form Bestandteil eines AcIs, d. h. es ist entweder als Subjektsakkusativ oder Objekt an einem AcI beteiligt.

46. Ich möchte aber meinen, dass viele Dinge wegen der Rücksicht auf Kürze und Zeit ausgelassen werden sollten.

    Das Einleiterprädikat *existimem* steht im Konjunktiv Potentialis.

47. In Bezug auf die Beredsamkeit, weil es schien, dass mehr Dinge gesagt werden mussten, wollten wir lieber im vierten Buch schreiben.

    Dem Verb *malle, lieber wollen,* folgt hier eine gewöhnliche Infinitivkonstruktion *(conscribere)*. Für das Thema relevant ist lediglich der Nebensatz, in dem sich ein elliptischer NcI mit Subjekt im Neutrum Plural findet.

48. Ich aber glaube, nicht einmal wenn du diese Dinge getan haben wirst, dass jemals mit dir Friede für diesen Staat sein wird.

ista ist substantiviertes Pronomen im Neutrum Plural.

49. Denn es scheint mir, dass die Sache nicht nur zum Behaupten sondern sogar zum Aussagen groß ist.

Dieser an sich leichte NcI enthält zwei Gerundia *(ad statuendum, ad dicendum)*, die jedoch mit der Konstruktion selbst nichts zu tun haben.

50. Und die Weisen sagten, dass diese Dinge, welche das Volk getan habe, immer ertragen, nicht immer gelobt werden müssten.

51. Der Senat glaubte aber, dass diese Untersuchung, wenn sie auch nicht ungerecht sei, dennoch niemals eingerichtet werden dürfe.

Das Subjekt *senatus* fristet ein etwas verlorenes Dasein inmitten eines elliptischen AcIs.

52. Wir wissen, dass die Menschen in so großen Dingen durch Meinung und Gerücht nicht weniger als durch irgendeine sichere Überlegung bewegt werden.

53. Caesar sagte, dass er wegen der Ehre des Diviciacus und der Haeduer diese in ein Treueverhältnis aufnehmen und behalten werde.

54. Es wird überliefert, dass der gebildetste Staat dieser von den Athenern gewesen sei. Sie sagen, dass aber der weiseste Mann von diesem Staat Solon gewesen sei.

55. Die Bellovacer sagten, dass sie in ihrem Namen und Urteil mit den Römern Krieg führen würden und nicht dem Befehl von irgendjemandem gehorchen würden.

56. Auch, beim Hercules, glaube ich nicht, dass (sie) gelobt werden müssen, welche über das Meer zur Rüstung von Krieg aufgebrochen sind, obgleich diese Dinge nicht zu ertragen waren.

Die Schwierigkeit bei diesem Satz besteht darin, dass der Subjektsakkusativ sich in einem Objektsatz verbirgt *(qui ... profecti sunt)*, der ja einen Akkusativ vertreten kann. Der Infinitiv ist nach *laudandos* elliptisch.

57. Aber nicht einmal dann wusste er nicht, dass er zum grausamsten Feind und zu ausgesuchten Folterungen aufbrach, aber er glaubte, dass der Schwur eingehalten werden musste.

In dem Ausdruck *neque ... ignorabat* steckt eine doppelte Verneinung (Litotes), die das Gesagte verstärkt. *Nicht nicht wissen* bedeutet *ganz genau wissen*.

58. Aus vielen Dingen kann erkannt werden, dass unsere Vorfahren nicht nur mit Waffen mehr als die übrigen Staaten sondern auch durch Intelligenz und Weisheit konnten.

potest leitet zunächst einen unpersönlichen Ausdruck ein *(intellegi)*, von dem dann der eigentliche AcI abhängt *(maiores nostros potuisse)*. *posse* kann auch die Bedeutung *fähig sein, Macht, Bedeutung haben*, haben.

59. Welche ist also die bessere Natur im Geschlecht der Menschen als von diesen, welche glauben, dass sie geboren worden sind zur Hilfe, zum Schutz, zur Erhaltung von Menschen?

Das Genitivattribut *eorum* bezieht sich grammatisch auf *natura*. Der AcI, auf den es hier ankommt, findet sich im Nebensatz. Eingeleitet wird er durch *arbitrantur*. Subjektsakkusativ ist *se*, das sich reflexiv auf das Subjekt *qui (welche glauben, dass sie ...)* bezieht. Prädikatsinfinitiv ist das PPP *natos* mit einem elliptischen *esse*. Die anderen Akkusative *(homines iuvandos, tutandos, conservandos)* hängen an der Präposition *ad* und haben mit dem AcI nichts zu tun.

60. Denn er will, dass vier göttliche Wesen, von welchen er glaubt, dass aus ihnen alles bestehe, existieren; von diesen ist es klar, dass sie sowohl geboren werden als auch ausgelöscht werden als auch frei sind von jeglicher Sinneswahrnehmung.

Eingebettet in einen Hauptsatz-AcI *(vult quattuor naturas divinas esse)*, hält dieser Satz gleich zwei relative verschränkte AcIs bereit: Beim ersten *(ex quibus)* ist das Relativpronomen nicht selbst Subjektsakkusativ (Variante b) und muss entsprechend übersetzt werden. Beim zweiten (abhängig von dem unpersönlichen Ausdruck *perspicuum est*) ist das Relativpronomen zwar Subjektsakkusativ *(quas)*, ist aber gleichzeitig relativer Anschluss und muss daher als Demonstrativpronomen übersetzt werden. Das Verb *carere, entbehren, frei sein von, Mangel haben an* steht mit dem Ablativus separativus (hier: *sensu omni*).

Tabellen
Der deutsche Indikativ Aktiv

Tempus	Bildung	sein	haben	werden	können	wollen	machen	gehen
Präsens	Stamm + Endung	bin	habe	werde	kann	will	mache	gehe
		bist	hast	wirst	kannst	willst	machst	gehst
		ist	hat	wird	kann	will	macht	geht
		sind	haben	werden	können	wollen	machen	gehen
		seid	habt	werdet	könnt	wollt	macht	geht
		sind	haben	werden	können	wollen	machen	gehen
Futur 1	werde + Infinitiv	werde sein	werde haben	werde werden	werde können	werde wollen	werde machen	werde gehen
		wirst sein	wirst haben	wirst werden	wirst können	wirst wollen	wirst machen	wirst gehen
		wird sein	wird haben	wird werden	wird können	wird wollen	wird machen	wird gehen
		werden sein	werden haben	werden werden	werden können	werden wollen	werden machen	werden gehen
		werdet sein	werdet haben	werdet werden	werdet können	werdet wollen	werdet machen	werdet gehen
		werden sein	werden haben	werden werden	werden können	werden wollen	werden machen	werden gehen
Futur 2	werde + Partizip Perfekt + Infinitiv sein	werde gewesen sein	werde gehabt haben	werde geworden sein	werde gekonnt haben	werde gewollt haben	werde gemacht haben	werde gegangen sein
		wirst gewesen sein	wirst gehabt haben	wirst geworden sein	wirst gekonnt haben	wirst gewollt haben	wirst gemacht haben	wirst gegangen sein
		wird gewesen sein	wird gehabt haben	wird geworden sein	wird gekonnt haben	wird gewollt haben	wird gemacht haben	wird gegangen sein
		werden gewesen sein	werden gehabt haben	werden geworden sein	werden gekonnt haben	werden gewollt haben	werden gemacht haben	werden gegangen sein
		werdet gewesen sein	werdet gehabt haben	werdet geworden sein	werdet gekonnt haben	werdet gewollt haben	werdet gemacht haben	werdet gegangen sein
		werden gewesen sein	werden gehabt haben	werden geworden sein	werden gekonnt haben	werden gewollt haben	werden gemacht haben	werden gegangen sein
Präteritum	Stamm + (Suffix) + Endung	war	hatte	wurde	konnte	wollte	machte	ging
		warst	hattest	wurdest	konntest	wolltest	machtest	gingst
		war	hatte	wurde	konnte	wollte	machte	ging
		waren	hatten	wurden	konnten	wollten	machten	gingen
		wart	hattet	wurdet	konntet	wolltet	machtet	gingt
		waren	hatten	wurden	konnten	wollten	machten	gingen
Perfekt	bin/habe + Partizip	bin gewesen	habe gehabt	bin geworden	habe gekonnt	habe gewollt	habe gemacht	bin gegangen
		bist gewesen	hast gehabt	bist geworden	hast gekonnt	hast gewollt	hast gemacht	bist gegangen
		ist gewesen	hat gehabt	ist geworden	hat gekonnt	hat gewollt	hat gemacht	ist gegangen
		sind gewesen	haben gehabt	sind geworden	haben gekonnt	haben gewollt	haben gemacht	sind gegangen
		seid gewesen	habt gehabt	seid geworden	habt gekonnt	habt gewollt	habt gemacht	seid gegangen
		sind gewesen	haben gehabt	sind geworden	haben gekonnt	haben gewollt	haben gemacht	sind gegangen
Plusquamperfekt	war/hatte + Partizip	war gewesen	hatte gehabt	war geworden	hatte gekonnt	hatte gewollt	hatte gemacht	war gegangen
		warst gewesen	hattest gehabt	warst geworden	hattest gekonnt	hattest gewollt	hattest gemacht	warst gegangen
		war gewesen	hatte gehabt	war geworden	hatte gekonnt	hatte gewollt	hatte gemacht	war gegangen
		waren gewesen	hatten gehabt	waren geworden	hatten gekonnt	hatten gewollt	hatten gemacht	waren gegangen
		wart gewesen	hattet gehabt	wart geworden	hattet gekonnt	hattet gewollt	hattet gemacht	wart gegangen
		waren gewesen	hatten gehabt	waren geworden	hatten gekonnt	hatten gewollt	hatten gemacht	waren gegangen

Der deutsche Indikativ Passiv

Tempus	Bildung	sein	haben	werden	können	wollen	machen	gehen
Präsens	Präsens von werden + Partizip Perfekt	- (intransitiv)	werde gehabt wirst gehabt wird gehabt werden gehabt werdet gehabt werden gehabt	- (intransitiv)	werde gekonnt wirst gekonnt wird gekonnt werden gekonnt werdet gekonnt werden gekonnt	werde gewollt wirst gewollt wird gewollt werden gewollt werdet gewollt werden gewollt	werde gemacht wirst gemacht wird gemacht werden gemacht werdet gemacht werden gemacht	- (intransitiv)
Futur 1	Präsens von werden + Partizip Perfekt + Infinitiv von werden		werde gehabt werden wirst gehabt werden wird gehabt werden werden gehabt werden werdet gehabt werden werden gehabt werden		werde gekonnt werden wirst gekonnt werden wird gekonnt werden werden gekonnt werden werdet gekonnt werden werden gekonnt werden	werde gewollt werden wirst gewollt werden wird gewollt werden werden gewollt werden werdet gewollt werden werden gewollt werden	werde gemacht werden wirst gemacht werden wird gemacht werden werden gemacht werden werdet gemacht werden werden gemacht werden	
Futur 2	Präsens von werden + Partizip Perfekt + worden sein		werde gehabt worden sein wirst gehabt worden sein wird gehabt worden sein werden gehabt worden sein werdet gehabt worden sein werden gehabt worden sein		werde gekonnt worden sein wirst gekonnt worden sein wird gekonnt worden sein werden gekonnt worden sein werdet gekonnt worden sein werden gekonnt worden sein	werde gewollt worden sein wirst gewollt worden sein wird gewollt worden sein werden gewollt worden sein werdet gewollt worden sein werden gewollt worden sein	werde gemacht worden sein wirst gemacht worden sein wird gemacht worden sein werden gemacht worden sein werdet gemacht worden sein werden gemacht worden sein	
Präteritum	Präteritum von werden + Partizip Perfekt		wurde gehabt wurdest gehabt wurde gehabt wurden gehabt wurdet gehabt wurden gehabt		wurde gekonnt wurdest gekonnt wurde gekonnt wurden gekonnt wurdet gekonnt wurden gekonnt	wurde gewollt wurdest gewollt wurde gewollt wurden gewollt wurdet gewollt wurden gewollt	wurde gemacht wurdest gemacht wurde gemacht wurden gemacht wurdet gemacht wurden gemacht	
Perfekt	Präsens von sein + Partizip Perfekt + worden		bin gehabt worden bist gehabt worden ist gehabt worden sind gehabt worden seid gehabt worden sind gehabt worden		bin gekonnt worden bist gekonnt worden ist gekonnt worden sind gekonnt worden seid gekonnt worden sind gekonnt worden	bin gewollt worden bist gewollt worden ist gewollt worden sind gewollt worden seid gewollt worden sind gewollt worden	bin gemacht worden bist gemacht worden ist gemacht worden sind gemacht worden seid gemacht worden sind gemacht worden	
Plus-quam-perfekt	Präteritum von sein + Partizip Perfekt + worden		war gehabt worden warst gehabt worden war gehabt worden waren gehabt worden wart gehabt worden waren gehabt worden		war gekonnt worden warst gekonnt worden war gekonnt worden waren gekonnt worden wart gekonnt worden waren gekonnt worden	war gewollt worden warst gewollt worden war gewollt worden waren gewollt worden wart gewollt worden waren gewollt worden	war gemacht worden warst gemacht worden war gemacht worden waren gemacht worden wart gemacht worden waren gemacht worden	

Der deutsche Konjunktiv Aktiv

Modus	Tempus	Bildung	sein	haben	werden	können	wollen	gehen
Konjunktiv 1	Präsens	Konjunktiv Präsens oder Ersatzformen	sei seist sei seien seiet seien	hätte habest habe hätten habet hätten	würde werdest werde würden würdet würden	könne könnest könne könnten könnet könnten	wolle wollest wolle wollten wollet wollten	ginge gehest ginge gingen / würden gehen gehet gingen / würden gehen
Konjunktiv 1	Futur 1	werde/würde + Infinitiv	würde sein werdest sein werde sein würden sein würdet sein würden sein	würde haben werdest haben werde haben würden haben würdet haben würden haben	würde werden werdest werden werde werden würden werden würdet werden würden werden	würde können werdest können werde können würden können würdet können würden können	würde wollen werdest wollen werde wollen würden wollen würdet wollen würden wollen	würde gehen werdest gehen werde gehen würden gehen würdet gehen würden gehen
Konjunktiv 1	Futur 2	werde/würde + Partizip Perfekt + sein/haben (kommt praktisch nicht vor)	würde gewesen sein werdest gewesen sein werde gewesen sein würden gewesen sein würdet gewesen sein würden gewesen sein	würde gehabt haben werdest gehabt haben werde gehabt haben würden gehabt haben würdet gehabt haben würden gehabt haben	würde werden werdest werden werde werden würden werden würdet werden würden werden	würde werdest werde würden würdet würden	würde gewollt haben werdest gewollt haben werde gewollt haben würden gewollt haben würdet gewollt haben würden gewollt haben	würde gegangen sein werdest gegangen sein werde gegangen sein würden gegangen sein würdet gegangen sein würden gegangen sein
Konjunktiv 1	Perfekt	Konjunktiv Präsens von sein/haben oder Ersatzformen + Partizip Perfekt	sei gewesen seist gewesen sei gewesen seien gewesen seiet gewesen seien gewesen	hätte gehabt habest gehabt habe gehabt hätten gehabt habet gehabt hätten gehabt	sei geworden seist geworden sei geworden seien geworden seiet geworden seien geworden	hätte gekonnt habest gekonnt habe gekonnt hätten gekonnt habet gekonnt hätten gekonnt	hätte gewollt habest gewollt habe gewollt hätten gewollt habet gewollt hätten gewollt	sei gegangen seist gegangen sei gegangen seien gegangen seiet gegangen seien gegangen
Konjunktiv 2	Präteritum (auch Konjunktiv 2 der Gegenwart)	Konjunktiv Imperfekt oder Umschreibung mit würde + Infinitiv	wäre wärest wäre wären wäret wären	hätte hättest hätte hätten hättet hätten	würde würdest würde würden würdet würden	könnte könntest könnte könnten könntet könnten	wollte / würde wollen wolltest / würdest wollen wollte / würde wollen wollten / würden wollen wolltet / würdet wollen wollten / würden wollen	ginge / würde gehen gingest ginge gingen / würden gehen ginget gingen / würden gehen
Konjunktiv 2	Plusquamperfekt (auch Konjunktiv 2 der Vergangenheit)	wäre/hätte + Partizip Perfekt	wäre gewesen wärest gewesen wäre gewesen wären gewesen wäret gewesen wären gewesen	hätte gehabt hättest gehabt hätte gehabt hätten gehabt hättet gehabt hätten gehabt	wäre geworden wärest geworden wäre geworden wären geworden wäret geworden wären geworden	hätte gekonnt hättest gekonnt hätte gekonnt hätten gekonnt hättet gekonnt hätten gekonnt	hätte gewollt hättest gewollt hätte gewollt hätten gewollt hättet gewollt hätten gewollt	wäre gegangen wärest gegangen wäre gegangen wären gegangen wäret gegangen wären gegangen

Der deutsche Konjunktiv Passiv (am Beispiel einiger repräsentativer Verben)

Modus	Tempus	Bildung	sein	haben	werden	können	wollen	machen	gehen
Konjunktiv 1	Präsens	Konjunktiv Präsens von werden oder Ersatzform + Partizip Perfekt	– (intransitiv)	würde gehabt werdest gehabt werde gehabt würden gehabt würdet gehabt würden gehabt	– (intransitiv)	– (intransitiv)	würde gewollt werdest gewollt werde gewollt würden gewollt würdet gewollt würden gewollt	würde gemacht werdest gemacht werde gemacht würden gemacht würdet gemacht würden gemacht	– (intransitiv)
	Futur 1	Konjunktiv Präsens von werden oder Ersatzform + Partizip Perfekt + Infinitiv		würde gehabt werden werdest gehabt werden werde gehabt werden würden gehabt werden würdet gehabt werden würden gehabt werden			würde gewollt werden werdest gewollt werden werde gewollt werden würden gewollt werden würdet gewollt werden würden gewollt werden	würde gemacht werden werdest gemacht werden werde gemacht werden würden gemacht weerden würdet gemacht werden würden gemacht werden	
	Perfekt	Konjunktiv Präsens von sein/haben + Partizip Perfekt + worden		sei gehabt worden seiest gehabt worden sei gehabt worden seien gehabt worden seiet gehabt worden seien gehabt worden			sei gewollt worden seiest gewollt worden sei gewollt worden seien gewollt worden seiet gewollt worden seien gewollt worden	sei gemacht worden seiest gemacht worden sei gemacht worden seien gemacht worden seiet gemacht worden seien gemacht worden	
	Futur 2	Konjunktiv Präsens von werden oder Ersatzform + Partizip Perfekt + worden sein		würde gehabt worden sein werdest gehabt worden sein werde gehabt worden sein würden gehabt worden sein würdet gehabt worden sein würden gehabt worden sein			würde gewollt worden sein werdest gewollt worden sein werde gewollt worden sein würden gewollt worden sein würdet gewollt worden sein würden gewollt worden sein	würde gemacht worden sein werdest gemacht worden sein werde gemacht worden sein würden gemacht worden sein würdet gemacht worden sein würden gemacht worden sein	
Konjunktiv 2	Präteritum	Konjunktiv Präteritum von werden + Partizip Perfekt		würde gehabt würdest gehabt würde gehabt würden gehabt würdet gehabt würden gehabt			würde gewollt würdest gewollt würde gewollt würden gewollt würdet gewollt würden gewollt	würde gemacht würdest gemacht würde gemacht würden gemacht würdet gemacht würden gemacht	
	Plusquamperfekt	Konjunktiv Präteritum von sein/haben + Partizip Perfekt + worden		wäre gehabt worden wärest gehabt worden wäre gehabt worden wären gehabt worden wäret gehabt worden wären gehabt worden			wäre gewollt worden wärest gewollt worden wäre gewollt worden wären gewollt worden wäret gewollt worden wären gewollt worden	wäre gemacht worden wärest gemacht worden wäre gemacht worden wären gemacht worden wäret gemacht worden wären gemacht worden	

Der lateinische Indikativ Aktiv

Stammsystem	Tempus	a-Konjugation	e-Konjugation	langvokalische i-Konjugation	kurzvokalische i-Konjugation	konsonantische Konjugation
Präsensstammsystem	Präsensstamm	servā-	vidē-	audī-	capi-	ag-
	Infinitiv Präsens	serva-re – bewahren	vide-re – sehen	audī-re – hören	cape-re – nehmen (aus *capi-re)	ag-e-re – handeln
	Präsens	serv-o (aus *serva-o)	vide-o	audi-o	capi-o	ag-o
		serva-s	vide-s	audi-s	capi-s	ag-i-s
		serva-t	vide-t	audi-t	capi-t	ag-i-t
		serva-mus	vide-mus	audi-mus	capi-mus	ag-i-mus
		serva-tis	vide-tis	audi-tis	capi-tis	ag-i-tis
		serva-nt	vide-nt	audi-u-nt	capi-u-nt	ag-u-nt
	Imperfekt	serva-ba-m	vide-ba-m	audi-e-ba-m	capi-e-ba-m	ag-e-ba-m
		serva-ba-s	vide-ba-s	audi-e-ba-s	capi-e-ba-s	ag-e-ba-s
		serva-ba-t	vide-ba-t	audi-e-ba-t	capi-e-ba-t	ag-e-ba-t
		serva-ba-mus	vide-ba-mus	audi-e-ba-mus	capi-e-ba-mus	ag-e-ba-mus
		serva-ba-tis	vide-ba-tis	audi-e-ba-tis	capi-e-ba-tis	ag-e-ba-tis
		serva-ba-nt	vide-ba-nt	audi-e-ba-nt	capi-e-ba-nt	ag-e-ba-nt
	Futur 1	serva-b-o	vide-b-o	audi-a-m	capi-a-m	ag-a-m
		serva-b-i-s	vide-b-i-s	audi-e-s	capi-e-s	ag-e-s
		serva-b-i-t	vide-b-i-t	audi-e-t	capi-e-t	ag-e-t
		serva-b-i-mus	vide-b-i-mus	audi-e-mus	capi-e-mus	ag-e-mus
		serva-b-i-tis	vide-b-i-tis	audi-e-tis	capi-e-tis	ag-e-tis
		serva-b-u-nt	vide-b-u-nt	audi-e-nt	capi-e-nt	ag-e-nt
Perfektstammsystem	Perfektstamm	servav-	vid-	audiv-	cep-	eg-
	Infinitiv Perfekt	servav-isse	vid-isse	audiv-isse	cep-isse	eg-isse
	Perfekt	servav-i	vid-i	audiv-i	cep-i	eg-i
		servav-isti	vid-isti	audiv-isti	cep-isti	eg-isti
		servav-it	vid-it	audiv-it	cep-it	eg-it
		servav-imus	vid-imus	audiv-imus	cep-imus	eg-imus
		servav-istis	vid-istis	audiv-istis	cep-istis	eg-istis
		servav-erunt	vid-erunt	audiv-erunt	cep-erunt	eg-erunt
	Plusquamperfekt	servav-era-m	vid-era-m	audiv-era-m	cep-era-m	eg-era-m
		servav-era-s	vid-era-s	audiv-era-s	cep-era-s	eg-era-s
		servav-era-t	vid-era-t	audiv-era-t	cep-era-t	eg-era-t
		servav-era-mus	vid-era-mus	audiv-era-mus	cep-era-mus	eg-era-mus
		servav-era-tis	vid-era-tis	audiv-era-tis	cep-era-tis	eg-era-tis
		servav-era-nt	vid-era-nt	audiv-era-nt	cep-era-nt	eg-era-nt
	Futur 2	servav-er-o	vid-er-o	audiv-er-o	cep-er-o	eg-er-o
		servav-er-i-s	vid-er-i-s	audiv-er-i-s	cep-er-i-s	eg-er-i-s
		servav-er-i-t	vid-er-i-t	audiv-er-i-t	cep-er-i-t	eg-er-i-t
		servav-er-i-mus	vid-er-i-mus	audiv-er-i-mus	cep-er-i-mus	eg-er-i-mus
		servav-er-i-tis	vid-er-i-tis	audiv-er-i-tis	cep-er-i-tis	eg-er-i-tis
		servav-er-i-nt	vid-er-i-nt	audiv-er-i-nt	cep-er-i-nt	eg-er-i-nt

Der lateinische Indikativ Passiv

Stammsystem	Tempus	a-Konjugation	e-Konjugation	langvokalische i-Konjugation	kurzvokalische i-Konjugation	konsonantische Konjugation
Präsensstammsystem	Präsensstamm	servā-	vidē-	audī-	capi-	ag-
	Infinitiv Präsens	serva-r-ī	vide-r-ī	audi-r-ī	capī (aus *cap?-ī)	ag-ī
	Präsens	serv-o-r (aus *serva-o-r) serva-ris serva-tur serva-mur serva-mini serva-ntur	vide-o-r vide-ris vide-tur vide-mur vide-mini vide-ntur	audi-o-r audi-ris auditur audi-mur audi-mini audi-u-ntur	capi-o-r cape-ris (aus *capi-ris) capi-tur capi-mur capi-mini capi-u-ntur	ag-o-r ag-e-ris ag-i-tur ag-i-mur ag-i-mini ag-u-ntur
	Imperfekt	serva-ba-r serva-ba-ris serva-ba-tur serva-ba-mur serva-ba-mini serva-ba-ntur	vide-ba-r vide-ba-ris vide-ba-tur vide-ba-mur vide-ba-mini vide-ba-ntur	audi-e-ba-r audi-e-ba-ris audi-e-ba-tur audi-e-ba-mur audi-e-ba-mini audi-e-ba-ntur	capi-e-ba-r capi-e-ba-ris capi-e-ba-tur capi-e-ba-mur capi-e-ba-mini capi-e-ba-ntur	ag-e-ba-r ag-e-ba-ris ag-e-ba-tur ag-e-ba-mur ag-e-ba-mini ag-e-ba-ntur
	Futur 1	serva-b-o-r serva-b-e-ris serva-b-i-tur serva-b-i-mur serva-b-i-mini serva-b-u-ntur	vide-b-o-r vide-b-e-ris vide-b-i-tur vide-b-i-mur vide-b-i-mini vide-b-u-ntur	audi-a-r audi-e-ris audi-e-tur audi-e-mur audi-e-mini audi-e-ntur	capi-a-r capi-e-ris capi-e-tur capi-e-mur capi-e-mini capi-e-ntur	ag-a-r ag-e-ris ag-e-tur ag-e-mur ag-e-mini ag-e-ntur
Perfektstammsystem	PPP-Stamm	servat-	vis-	audit-	capt-	act-
	Infinitiv Perfekt	servatum esse	visum esse	auditum esse	captum esse	actum esse
	Perfekt	servatus (-a, -um) sum servatus (-a, -um) es servatus (-a, -um) est servati (-ae, -a) sumus servati (-ae, -a) estis servati (-ae, -a) sunt	visus (-a, -um) sum visus (-a, -um) es visus (-a, -um) est visi (-ae, -a) sumus visi (-ae, -a) estis visi (-ae, -a) sunt	auditus (-a, -um) sum auditus (-a, -um) es auditus (-a, -um) est auditi (-ae, -a) sumus auditi (-ae, -a) estis auditi (-ae, -a) sunt	captus (-a, -um) sum captus (-a, -um) es captus (-a, -um) est capti (-ae, -a) sumus capti (-ae, -a) estis capti (-ae, -a) sunt	actus (-a, -um) sum actus (-a, -um) es actus (-a, -um) est acti (-ae, -a) sumus acti (-ae, -a) estis acti (-ae, -a) sunt
	Plusquamperfekt	servatus (-a, -um) eram servatus (-a, -um) eras servatus (-a, -um) erat servati (-ae, -a) eramus servati (-ae, -a) eratis servati (-ae, -a) erant	visus (-a, -um) eram visus (-a, -um) eras visus (-a, -um) erat visi (-ae, -a) eramus visi (-ae, -a) eratis visi (-ae, -a) erant	auditus (-a, -um) eram auditus (-a, -um) eras auditus (-a, -um) erat auditi (-ae, -a) eramus auditi (-ae, -a) eratis auditi (-ae, -a) erant	captus (-a, -um) eram captus (-a, -um) eras captus (-a, -um) erat capti (-ae, -a) eramus capti (-ae, -a) eratis capti (-ae, -a) erant	actus (-a, -um) eram actus (-a, -um) eras actus (-a, -um) erat acti (-ae, -a) eramus acti (-ae, -a) eratis acti (-ae, -a) erant
	Futur 2	servatus (-a, -um) ero servatus (-a, -um) eris servatus (-a, -um) erit servati (-ae, -a) erimus servati (-ae, -a) eritis servati (-ae, -a) erunt	visus (-a, -um) ero visus (-a, -um) eris visus (-a, -um) erit visi (-ae, -a) erimus visi (-ae, -a) eritis visi (-ae, -a) erunt	auditus (-a, -um) ero auditus (-a, -um) eris auditus (-a, -um) erit auditi (-ae, -a) erimus auditi (-ae, -a) eritis auditi (-ae, -a) erunt	captus (-a, -um) ero captus (-a, -um) eris captus (-a, -um) erit capti (-ae, -a) erimus capti (-ae, -a) eritis capti (-ae, -a) erunt	actus (-a, -um) ero actus (-a, -um) eris actus (-a, -um) erit acti (-ae, -a) erimus acti (-ae, -a) eritis acti (-ae, -a) erunt

Der lateinische Konjunktiv Aktiv

Stammsystem	Tempus	a-Konjugation	e-Konjugation	langvokalische i-Konjugation	kurzvokalische i-Konjugation	konsonantische Konjugation
Präsensstammsystem	Präsensstamm	servā-	vidē-	audī-	capi-	ag-
	Präsens	serve-m	vide-a-m	audi-a-m	capi-a-m	ag-a-m
		serve-s	vide-a-s	audi-a-s	capi-a-s	ag-a-s
		serve-t	vide-a-t	audi-a-t	capi-a-t	ag-a-t
		serve-mus	vide-a-mus	audi-a-mus	capi-a-mus	ag-a-mus
		serve-tis	vide-a-tis	audi-a-tis	capi-a-tis	ag-a-tis
		serve-nt	vide-a-nt	audi-a-nt	capi-a-nt	ag-a-nt
	Imperfekt	serva-re-m	vide-re-m	audi-re-m	cape-re-m	ag-e-re-m
		serva-re-s	vide-re-s	audi-re-s	cape-re-s	ag-e-re-s
		serva-re-t	vide-re-t	audi-re-t	cape-re-t	ag-e-re-t
		serva-re-mus	vide-re-mus	audi-re-mus	cape-re-mus	ag-e-re-mus
		serva-re-tis	vide-re-tis	audi-re-tis	cape-re-tis	ag-e-re-tis
		serva-re-nt	vide-re-nt	audi-re-nt	cape-re-nt	ag-e-re-nt
Perfektstammsystem	Perfektstamm	servav-	vīd-	audiv-	cēp-	ēg-
	Perfekt	servav-eri-m	vid-eri-m	audiv-eri-m	cep-eri-m	eg-eri-m
		servav-eri-s	vid-eri-s	audiv-eri-s	cep-eri-s	eg-eri-s
		servav-eri-t	vid-eri-t	audiv-eri-t	cep-eri-t	eg-eri-t
		servav-eri-mus	vid-eri-mus	audiv-eri-mus	cep-eri-mus	eg-eri-mus
		servav-eri-tis	vid-eri-tis	audiv-eri-tis	cep-eri-tis	eg-eri-tis
		servav-eri-nt	vid-eri-nt	audiv-eri-nt	cep-eri-nt	eg-eri-nt
	Plusquamperfekt	servav-isse-m	vid-isse-m	audiv-isse-m	cep-isse-m	eg-isse-m
		servav-isse-s	vid-isse-s	audiv-isse-s	cep-isse-s	eg-isse-s
		servav-isse-t	vid-isse-t	audiv-isse-t	cep-isse-t	eg-isse-t
		servav-isse-mus	vid-isse-mus	audiv-isse-mus	cep-isse-mus	eg-isse-mus
		servav-isse-tis	vid-isse-tis	audiv-isse-tis	cep-isse-tis	eg-isse-tis
		servav-isse-nt	vid-isse-nt	audiv-isse-nt	cep-isse-nt	eg-isse-nt

Lernhilfen und Verwechslungsgefahren:

* Das Moduszeichen für den Konjunktiv Präsens ist -a-. Nur bei der a-Konjugation ist es logischerweise nicht einsetzbar; hier tritt ein -e- ein.
* Die 1. Person Singular Konjunktiv Präsens Aktiv ist in lang-i-, kurz-i-, und konsonantischer Konjugation (Merkspruch: lang-i, kurz-i, kons) gleich der 1. Person Singular Indikativ Futur 1 Aktiv des a-/e-Futurs!
* Das Moduszeichen des Konjunktivs Imperfekt und Plusquamperfekt Aktiv und Passiv ist gleich der Endung des Infinitivs Präsens und Perfekt Aktiv (also -re und -isse). Der Konjunktiv beider Zeiten wird also kurz gesagt gebildet aus der Formel Infinitiv + Personalendung.
* Die Formen (nicht die Bildung!) des Konjunktivs Perfekt Aktiv sind bis auf die 1. Person Singular identisch mit denen des Futur 2 Aktiv. Einzige Ausnahme also: servav-er-o gegenüber servav-eri-m. Die 3. Plural Indikativ Futur 2 Aktiv auf -er-i-nt enthält einen unregelmäßigen Bindevokal (i statt u vor n) zur Unterscheidung von der 3. Person Plural Indikativ Perfekt Aktiv, die wesentlich häufiger vorkommt.

Der lateinische Konjunktiv Passiv

Stammsystem	Tempus	a-Konjugation	e-Konjugation	langvokalische i-Konjugation	kurzvokalische i-Konjugation	konsonantische Konjugation
Präsensstammsystem	Präsensstamm	servā-	vidē-	audī-	capi-	ag-
	Präsens	serve-r (aus *serva-e-r usw.)	vide-a-r	audi-a-r	capi-a-r	ag-a-r
		serve-ris	vide-a-ris	audi-a-ris	capi-a-ris	ag-a-ris
		serve-tur	vide-a-tur	audi-a-tur	capi-a-tur	ag-a-tur
		serve-mur	vide-a-mur	audi-a-mur	capi-a-mur	ag-a-mur
		serve-mini	vide-a-mini	audi-a-mini	capi-a-mini	ag-a-mini
		serve-ntur	vide-a-ntur	audi-a-ntur	capi-a-ntur	ag-a-ntur
	Imperfekt	serve-re-r	vide-re-r	audi-re-r	cape-re-r (aus *capi-re-r usw.)	ag-e-re-r
		serve-re-ris	vide-re-ris	audi-re-ris	cape-re-ris	ag-e-re-ris
		serve-re-tur	vide-re-tur	audi-re-tur	cape-re-tur	ag-e-re-tur
		serve-re-mur	vide-re-mur	audi-re-mur	cape-re-mur	ag-e-re-mur
		serve-re-mini	vide-re-mini	audi-re-mini	cape-re-mini	ag-e-re-mini
		serve-re-ntur	vide-re-ntur	audi-re-ntur	cape-re-ntur	ag-e-re-ntur
Perfektstammsystem	Perfektstamm	servat-	vis-	audit-	capt-	act-
	Perfekt	servatus (-a, -um) sim	visus (-a, -um) sim	auditus (-a, -um) sim	captus (-a, -um) sim	actus (-a, -um) sim
		servatus (-a, -um) sis	visus (-a, -um) sis	auditus (-a, -um) sis	captus (-a, -um) sis	actus (-a, -um) sis
		servatus (-a, -um) sit	visus (-a, -um) sit	auditus (-a, -um) sit	captus (-a, -um) sit	actus (-a, -um) sit
		servati (-ae, -a) simus	visi (-ae, -a) simus	auditi (-ae, -a) simus	capti (-ae, -a) simus	acti (-ae, -a) simus
		servati (-ae, -a) sitis	visi (-ae, -a) sitis	auditi (-ae, -a) sitis	capti (-ae, -a) sitis	acti (-ae, -a) sitis
		servati (-ae, -a) sint	visi (-ae, -a) sint	auditi (-ae, -a) sint	capti (-ae, -a) sint	acti (-ae, -a) sint
	Plusquamperfekt	servatus (-a, -um) essem	visus (-a, -um)	auditus (-a, -um)	captus (-a, -um)	actus (-a, -um)
		servatus (-a, -um) esses	visus (-a, -um) esses	auditus (-a, -um) esses	captus (-a, -um) esses	actus (-a, -um) esses
		servatus (-a, -um) esset	visus (-a, -um) esset	auditus (-a, -um) esset	captus (-a, -um) esset	actus (-a, -um) esset
		servati (-ae, -a) essemus	visi (-ae, -a) essemus	auditi (-ae, -a) essemus	capti (-ae, -a) essemus	acti (-ae, -a) essemus
		servati (-ae, -a) essetis	visi (-ae, -a) essetis	auditi (-ae, -a) essetis	capti (-ae, -a) essetis	acti (-ae, -a) essetis
		servati (-ae, -a) essent	visi (-ae, -a) essent	auditi (-ae, -a) essent	capti (-ae, -a) essent	acti (-ae, -a) essent

Der lateinische Imperativ Aktiv

Tempus	a-Konjugation	e-Konjugation	langvokalische i-Konjugation	kurzvokalische i-Konjugation	konsonantische Konjugation
Präsensstamm	servā-	vidē-	audī-	capi-	ag-
Präsens (Imperativ 1)	–	–	–	–	–
	serva	vide	audi	cape (aus *capi)	ag-e
	–	–	–	–	–
	–	–	–	–	–
	serva-te	vide-te	audi-te	capi-te	ag-i-te
	–	–	–	–	–
Futur (Imperativ 2)	–	–	–	–	–
	serva-to	vide-to	audi-to	capi-to	ag-i-to
	serva-to	vide-to	audi-to	capi-to	ag-i-to
	–	–	–	–	–
	serva-tote	vide-tote	audi-tote	capi-tote	ag-i-tote
	serva-nto	vide-nto	audi-u-nto	capi-u-nto	ag-u-nto

Besonderheiten beim Imperativ

- In der 2. Singular Imperativ Präsens Aktiv der kurz-i-Konjugation lautet der Stammauslaut i regelmäßig zu e ab. So wird aus *capi die Form cape. Einzig das Verb facere hat in der 2. Sg. Imperativ Präsens Aktiv kein solches auslautendes -e, sondern einen verkürzten Stamm: fac. e tritt als eine Art Sprechvokal auch an die Stämme der konsonantischen Konjugation (ag-e). Ausnahmen bilden die Verben dicere, ducere und ferre, in denen wie auch in a-, e- und lang-i-Konjugation der bloße Stamm als Imperativ dient (dic, duc, fer).
- Die Formen des Imperativs Futur Aktiv sind selten. Zwischen Imperativ Präsens und Futur besteht in der deutschen Übersetzung zudem kein wirklicher Unterschied. Beide können immer mit dem deutschen Indikativ von sollen + Infinitiv umschrieben werden. Merke besonders folgende Imperative von ire und esse: i, geh; ite, geht; ito, er soll gehen; itote, ihr sollt gehen; eunto, sie sollen gehen; es, sei; este, seid; esto, er soll sein; estote, ihr sollt sein; sunto, sie sollen sein.
- Die Imperative des Präsens Passiv kommen im Latinum vor allem bei Deponentien vor. Dort haben sie natürlich aktive Bedeutung: loquere – sag, patere – lasse zu.
- noli mit Infinitiv (wörtlich «wolle nicht etw. tun») drückt ein höfliches Verbot aus. Bsp.: Noli turbare circulos meos. Wolle nicht meine Kreise stören. Störe (bitte) meine Kreise nicht. Noli me tangere. Wolle mich nicht berühren. Berühre mich (bitte) nicht.

Indikativ der Verben mit Stammwechsel («unregelmäßige» Verben)

Stammsystem	Tempus	esse, sein	posse, können	ire, gehen	ferre, tragen	velle, wollen	nolle, nicht wollen	malle, lieber wollen	tollere, anheben, wegnehmen	fieri, werden, geschehen
Präsensstammsystem	Präsensstamm	es-/s-	pos-/pot-	e-/i- (aus *ei, vgl. eilen)	fer-	vel-/vi-/vol-/vul- (vgl. wollen, will)	nol-	ma-/mal-	toll-	fi-
	Infinitiv Präsens	es-se	pos-se	i-re	fer-re	vel-le	nol-le	mal-le	toll-e-re	fi-e-r-i
	Präsens	s-u-m e-s es-t s-u-mus es-tis s-u-nt	pos-s-u-m pot-e-s pot-es-t pos-s-u-mus pot-es-tis pos-s-u-nt	e-o i-s i-t i-mus i-tis e-u-nt	fer-o fer-s fer-t fer-i-mus fer-tis fer-u-nt	vol-o vi-s vul-t vol-u-mus vul-tis vol-u-nt	nol-o non vis non vult nol-u-mus non vul-tis nol-u-nt	mal-o ma-vi-s ma-vul-t mal-u-mus ma-vul-tis mal-u-nt	toll-o toll-i-s toll-i-t toll-i-mus toll-i-tis toll-u-nt	fi-o fi-s fi-t fi-mus fi-tis fi-u-nt
	Imperfekt	era-m era-s era-t era-mus era-tis era-nt	pot-era-m pot-era-s pot-era-t pot-era-mus pot-era-tis pot-era-nt	i-ba-m i-ba-s i-ba-t i-ba-mus i-ba-tis i-ba-nt	fer-e-ba-m fer-e-ba-s fer-e-ba-t fer-e-ba-mus fer-e-ba-tis fer-e-ba-nt	vol-e-ba-m vol-e-ba-s vol-e-ba-t vol-e-ba-mus vol-e-ba-tis vol-e-ba-nt	nol-e-ba-m nol-e-ba-s nol-e-ba-t nol-e-ba-mus nol-e-ba-tis nol-e-ba-nt	mal-e-ba-m mal-e-ba-s mal-e-ba-t mal-e-ba-mus mal-e-ba-tis mal-e-ba-nt	toll-e-ba-m toll-e-ba-s toll-e-ba-t toll-e-ba-mus toll-e-ba-tis toll-e-ba-nt	fi-e-ba-m fi-e-ba-s fi-e-ba-t fi-e-ba-mus fi-e-ba-tis fi-e-ba-nt
	Futur 1	er-o er-i-s er-i-t er-i-mus er-i-tis er-u-nt	pot-er-o pot-er-i-s pot-er-i-t pot-er-i-mus pot-er-i-tis pot-er-u-nt	i-b-o i-b-i-s i-b-i-t i-b-i-mus i-b-i-tis i-b-u-nt	fer-a-m fer-e-s fer-e-t fer-e-mus fer-e-tis fer-e-nt	vol-a-m vol-e-s vol-e-t vol-e-mus vol-e-tis vol-e-nt	nol-a-m nol-e-s nol-e-t nol-e-mus nol-e-tis nol-e-nt	mal-a-m mal-e-s mal-e-t mal-e-mus mal-e-tis mal-e-nt	toll-a-m toll-e-s toll-e-t toll-e-mus toll-e-tis toll-e-nt	fi-a-m fi-e-s fi-e-t fi-e-mus fi-e-tis fi-e-nt
Perfektstammsystem	Perfektstamm	fu-	potu-	i-	tul- (vgl. dulden)	volu-	nolu-	malu-	sustul-	regelmäßige Bildung nach dem Perfekt-Passiv-system von facere
	Infinitiv Perfekt	fu-isse	potu-isse	i-sse (aus *i-isse)	tul-isse	volu-isse	nolu-isse	malu-isse	sustul-isse	
	Perfekt	fu-i fu-isti fu-it fu-imus fu-istis fu-erunt	potu-i potu-isti potu-it potu-imus potu-istis potu-erunt	i-i i-isti (aus *i-i-isti) i-it i-imus i-istis (aus *i-i-istis) i-erunt	tul-i tul-isti tul-it tul-imus tul-istis tul-erunt	volu-i volu-isti volu-it volu-imus volu-istis volu-erunt	nolu-i nolu-isti nolu-it nolu-imus nolu-istis nolu-erunt	malu-i malu-isti malu-it malu-imus malu-istis malu-erunt	sustul-i sustul-isti sustul-it sustul-imus sustul-istis sustul-erunt	
	Plusquamperfekt	fu-era-m fu-era-s fu-era-t fu-era-mus fu-era-tis fu-era-nt	potu-era-m potu-era-s potu-era-t potu-era-mus potu-era-tis potu-era-nt	i-era-m i-era-s i-era-t i-era-mus i-era-tis i-era-nt	tul-era-m tul-era-s tul-era-t tul-era-mus tul-era-tis tul-era-nt	volu-era-m volu-era-s volu-era-t volu-era-mus volu-era-tis volu-era-nt	nolu-era-m nolu-era-s nolu-era-t nolu-era-mus nolu-era-tis nolu-era-nt	malu-era-m malu-era-s malu-era-t malu-era-mus malu-era-tis malu-era-nt	sustul-era-m sustul-era-s sustul-era-t sustul-era-mus sustul-era-tis sustul-era-nt	
	Futur 2	fu-er-o fu-er-i-s fu-er-i-t fu-er-i-mus fu-er-i-tis fu-er-i-nt	potu-er-o potu-er-i-s potu-er-i-t potu-er-i-mus potu-er-i-tis potu-er-i-nt	i-er-o i-er-i-s i-er-i-t i-er-i-mus i-er-i-tis i-er-i-nt	tul-er-o tul-er-i-s tul-er-i-t tul-er-i-mus tul-er-i-tis tul-er-i-nt	volu-er-o volu-er-i-s volu-er-i-t volu-er-i-mus volu-er-i-tis volu-er-i-nt	nolu-er-o nolu-er-i-s nolu-er-i-t nolu-er-i-mus nolu-er-i-tis nolu-er-i-nt	malu-er-o malu-er-i-s malu-er-i-t malu-er-i-mus malu-er-i-tis malu-er-i-nt	sustul-er-o sustul-er-i-s sustul-er-i-t sustul-er-i-mus sustul-er-i-tis sustul-er-i-nt	

Konjunktiv der Verben mit Stammwechsel («unregelmäßige» Verben)

Stamm-system	Tempus	esse, sein es-/s-	posse, können pos-	ire, gehen e-/i-	ferre, tragen fer-	velle, wollen vel-	nolle, nicht wollen nol-	malle, lieber wollen mal-	tollere, anheben, wegnehmen toll-	fieri, werden, geschehen fi-
Präsensstammsystem	Präsensstamm	es-/s-	pos-	e-/i-	fer-	vel-	nol-	mal-	toll-	fi-
	Präsens	s-i-m	pos-s-i-m	e-a-m	fer-a-m	vel-i-m	nol-i-m	mal-i-m	toll-a-m	fi-a-m
		s-i-s	pos-s-i-s	e-a-s	fer-a-s	vel-i-s	nol-i-s	mal-i-s	toll-a-s	fi-a-s
		s-i-t	pos-s-i-t	e-a-t	fer-a-t	vel-i-t	nol-i-t	mal-i-t	toll-a-t	fi-a-t
		s-i-mus	pos-s-i-mus	e-a-mus	fer-a-mus	vel-i-mus	nol-i-mus	mal-i-mus	toll-a-mus	fi-a-mus
		s-i-tis	pos-s-i-tis	e-a-tis	fer-a-tis	vel-i-tis	nol-i-tis	mal-i-tis	toll-a-tis	fi-a-tis
		s-i-nt	pos-s-i-nt	e-a-nt	fer-a-nt	vel-i-nt	nol-i-nt	mal-i-nt	toll-a-nt	fi-a-nt
	Imperfekt	es-se-m	pos-se-m	i-re-m	fer-re-m	vel-le-m	nol-le-m	mal-le-m	toll-e-re-m	fi-e-re-m
		es-se-s	pos-se-s	i-re-s	fer-re-s	vel-le-s	nol-le-s	mal-le-s	toll-e-re-s	fi-e-re-s
		es-se-t	pos-se-t	i-re-t	fer-re-t	vel-le-t	nol-le-t	mal-le-t	toll-e-re-t	fi-e-re-t
		es-se-mus	pos-se-mus	i-re-mus	fer-re-mus	vel-le-mus	nol-le-mus	mal-le-mus	toll-e-re-mus	fi-e-re-mus
		es-se-tis	pos-se-tis	i-re-tis	fer-re-tis	vel-le-tis	nol-le-tis	mal-le-tis	toll-e-re-tis	fi-e-re-tis
		es-se-nt	pos-se-nt	i-re-nt	fer-re-nt	vel-le-nt	nol-le-nt	mal-le-nt	toll-e-re-nt	fi-e-re-nt
Perfektstammsystem	Perfektstamm	fu-	potu-	i-	tul-	volu-	nolu-	malu-	sustul-	regelmäßige Bildung nach dem Perfekt-Passiv-Stammsystem von *facere*
	Perfekt	fu-eri-m	potu-eri-m	i-eri-m	tul-eri-m	volu-eri-m	nolu-eri-m	malu-eri-m	sustul-eri-m	
		fu-eri-s	potu-eri-s	i-eri-s	tul-eri-s	volu-eri-s	nolu-eri-s	malu-eri-s	sustul-eri-s	
		fu-eri-t	potu-eri-t	i-eri-t	tul-eri-t	volu-eri-t	nolu-eri-t	malu-eri-t	sustul-eri-t	
		fu-eri-mus	potu-eri-mus	i-eri-mus	tul-eri-mus	volu-eri-mus	nolu-eri-mus	malu-eri-mus	sustul-eri-mus	
		fu-eri-tis	potu-eri-tis	i-eri-tis	tul-eri-tis	volu-eri-tis	nolu-eri-tis	malu-eri-tis	sustul-eri-tis	
		fu-eri-nt	potu-eri-nt	i-eri-nt	tul-eri-nt	volu-eri-nt	nolu-eri-nt	malu-eri-nt	sustul-eri-nt	
	Plusquamper-fekt	fu-isse-m	potu-isse-m	i-sse-m (aus i-isse-m usw.)	tul-isse-m	volu-isse-m	nolu-isse-m	malu-isse-m	sustul-isse-m	
		fu-isse-s	potu-isse-s	i-sse-s	tul-isse-s	volu-isse-s	nolu-isse-s	malu-isse-s	sustul-isse-s	
		fu-isse-t	potu-isse-t	i-sse-t	tul-isse-t	volu-isse-t	nolu-isse-t	malu-isse-t	sustul-isse-t	
		fu-isse-mus	potu-isse-mus	i-sse-mus	tul-isse-mus	volu-isse-mus	nolu-isse-mus	malu-isse-mus	sustul-isse-mus	
		fu-isse-tis	potu-isse-tis	i-sse-tis	tul-isse-tis	volu-isse-tis	nolu-isse-tis	malu-isse-tis	sustul-isse-tis	
		fu-isse-nt	potu-isse-nt	i-sse-nt	tul-isse-nt	volu-isse-nt	nolu-isse-nt	malu-isse-nt	sustul-isse-nt	

Substantive mit unregelmäßiger Deklination

domus – Haus, feminin

Singular	Nominativ	domus	das Haus
	Genitiv	domūs	des Hauses / vom Haus
	Dativ	domui	dem Haus / für ein Haus
	Akkusativ	domum	das Haus und: nach Hause!
	Ablativ	domo	im Haus und: von zu Hause!
Plural	Nominativ	domūs	die Häuser
	Genitiv	domuum/domorum	der Häuser / von den Häusern
	Dativ	domibus	für die Häuser
	Akkusativ	domōs	die Häuser
	Ablativ	domibus	in den Häusern
Merke besonders:	Lokativ	domi	zu Hause

vir – Mann (außer Nominativ wie o-Deklination), maskulin

Singular	Nominativ	vir	der Mann
	Genitiv	viri	des Mannes / vom Mann
	Dativ	viro	dem Manne / für den Mann
	Akkusativ	virum	den Mann
	Ablativ	a/cum viro	von/mit dem Mann
Plural	Nominativ	viri	die Männer
	Genitiv	virorum	der Männer / von den Männern
	Dativ	viris	den Männern / für die Männer
	Akkusativ	viros	die Männer / für die Männer
	Ablativ	a/cum viris	von/mit den Männern

vis – Kraft, Gewalt, feminin

Singular	Nominativ	vis	die Kraft/Gewalt
	Genitiv	-	-
	Dativ	-	-
	Akkusativ	vim	die Kraft/Gewalt
	Ablativ	vi	durch Kraft / mit Gewalt
Plural	Nominativ	vires	die Kräfte
	Genitiv	virium	der Kräfte / von den Kräften
	Dativ	viribus	für die Kräfte
	Akkusativ	vires	die Kräfte
	Ablativ	viribus	mit Kräften

nur für Caesar und Sallust: iter – Weg, Marschroute, neutral

Singular	Nominativ	iter	der Weg
	Genitiv	itineris	des Weges / vom Wege
	Dativ	itineri	dem Wege / für den Weg
	Akkusativ	iter	den Weg
	Ablativ	itinere	auf dem Weg
Plural	Nominativ	itinera	die Wege
	Genitiv	itinerum	der Wege / von den Wegen
	Dativ	itineribus	den Wegen / für die Wege
	Akkusativ	itinera	die Wege
	Ablativ	itineribus	auf den Wegen

nur für Caesar und Sallust: turris – Belagerungsturm, feminin

Singular	Nominativ	turris	der Belagerungsturm
	Genitiv	turris	des Belagerungsturmes / vom Belagerungsturm
	Dativ	turrī	dem Belagerungsturm / für den Belagerungsturm
	Akkusativ	turrim	den Belagerungsturm
	Ablativ	turrī	im Belagerungsturm / mit dem Belagerungsturm
Plural	Nominativ	turrīs	die Belagerungstürme
	Genitiv	turrium	der Belagerungstürme / von den Belagerungstürmen
	Dativ	turribus	den Belagerungstürmen / für die Belagerungstürme
	Akkusativ	turrīs	die Belagerungstürme
	Ablativ	turribus	in den Belagerungstürmen / durch die Belagerungstürme

nur für Caesar: cornu – Heeresflügel, Signalhorn, neutral

Singular	Nominativ	cornu	das Signalhorn / der Heeresflügel
	Genitiv	cornūs	des Signalhorns/Heeresflügels / vom Signalhorn/Heeresflügel
	Dativ	cornui (cornū)	dem Signalhorn / dem Heeresflügel / für das Signalhorn / den Heeresflügel
	Akkusativ	cornu	das Signalhorn / den Heeresflügel
	Ablativ	cornū	mit dem Signalhorn / auf dem Heeresflügel
Plural	Nominativ	cornua	die Signalhörner/Heeresflügel
	Genitiv	cornuum	der Signalhörner/Heeresflügel / von den Signalhörnern/Heeresflügeln
	Dativ	cornibus	den Signalhörnern/Heeresflügeln / für die Signalhörner/Heeresflügel
	Akkusativ	cornua	die Signalhörner/Heeresflügel
	Ablativ	cornibus	mit den Signalhörnern / auf den Heeresflügeln

Personalpronomen

Numerus	Kasus	1. Person	2. Person	3. Person nicht reflexiv			3. Person reflexiv
				♂	♀	n	♂/♀
Singular	Nominativ	ego ich	tu du	is dieser	ea diese	id dieses	«Nix»**
	Genitiv	«Nix»*	«Nix»*	eius von diesem	eius von dieser	eius von diesem	«Nix»*
	Dativ	mihi mir	tibi dir	ei diesem	ei dieser	ei diesem	sibi ihm, ihr, sich
	Akkusativ	me mich	te dich	eum diesen	eam diese	id dieses	se ihn, sie, sich
	Ablativ	a me/ mecum von/mit mir	a te/ tecum von/mit dir	eo durch diesen	eā durch diese	eo durch dieses	a se/secum von/mit ihm von/mit ihr von/mit sich
Plural	Nominativ	nōs wir	vōs ihr	ii/ei diese	eae diese	ea diese	«Nix»**
	Genitiv	«Nix»*	«Nix»*	eōrum von diesen	eārum von diesen	eōrum von diesen	«Nix»*
	Dativ	nōbis uns	vōbis euch	iīs/eīs diesen	iīs/eīs diesen	iīs/eīs diesen	sibi ihnen/sich
	Akkusativ	nōs uns	vōs euch	eōs diese	eās diese	ea diese	se sie/sich
	Ablativ	a nōbis/ nōbiscum von/mit uns	a vōbis/ vōbiscum von/mit euch	iīs/eīs durch diese	iīs/eīs durch diese	iīs/eīs durch diese	a se/secum von/mit ihnen von/mit sich

* Anders als noch im Lehrbuch empfehle ich in dieser Tabelle die **aus den Possessivpronomen entlehnten (seltenen!) Ersatzformen im Genitiv** der Personalpronomen **nicht** mehr zu lernen («Nix»). Die Formengleichheit führt regelmäßig zu Verwechslungen mit den Possessivpronomen und hat sich nicht als zweckdienlich erwiesen.

** Einen Nominativ der Reflexivpronomen gibt es nicht.

Demonstrativpronomen

Numerus	Kasus	hic			iste			ille		
		♂	♀	n	♂	♀	n	♂	♀	n
Singular	Nominativ	hic dieser	haec diese	hoc dieses	iste dieser	ista diese	istud dieses	ille jener	illa jene	illud jenes
	Genitiv	huius von diesem	huius von dieser	huius von diesem	istius von diesem	istius von dieser	istius von diesem	illius von jenem	illius von jener	illius von jenem
	Dativ	huic diesem	huic dieser	huic diesem	isti diesem	isti dieser	isti diesem	illi jenem	illi jener	illi jenem
	Akkusativ	hunc diesen	hanc diese	hoc dieses	istum diesen	istam diese	istud dieses	illum jenen	illam jene	illud jenes
	Ablativ	hōc durch diesen	hāc durch diese	hōc durch dieses	isto durch diesen	istā durch diese	isto durch dieses	illo durch jenen	illā durch jene	illo durch jenes
Plural	Nominativ	hi diese	hae diese	haec diese	isti diese	istae diese	ista diese	illi jene	illae jene	illa jene
	Genitiv	hōrum von diesen	hārum von diesen	hōrum von diesen	istōrum von diesen	istārum von diesen	istōrum von diesen	illōrum von jenen	illārum von jenen	illōrum von jenen
	Dativ	hīs diesen	hīs diesen	hīs diesen	istīs diesen	istīs diesen	istīs diesen	illīs jenen	illīs jenen	illīs jenen
	Akkusativ	hōs diese	hās diese	haec diese	istōs diese	istās diese	ista diese	illōs jene	illās jene	illa jene
	Ablativ	hīs durch diese	hīs durch diese	hīs durch diese	istīs durch diese	istīs durch diese	istīs durch diese	illīs durch jenen	illīs durch jene	illīs durch jene

Relativ- und Fragepronomen

Numerus	Kasus	♂	♀	n
Singular	Nominativ	qui oder quis welcher oder wer	quae oder quis welche oder wer	quod oder quid welches oder was
	Genitiv	cuius dessen, wessen, von welchem	cuius deren, von welcher	cuius dessen, von welchem
	Dativ	cui welchem, wem	cui welchem, wem	cui welchem, wem
	Akkusativ	quem welchen, wen	quam welche	quod oder quid welches oder was
	Ablativ	quo durch welchen	qua durch welche	quo durch welches
Plural	Nominativ	qui welche	quae welche	quae welche
	Genitiv	quorum deren, von welchen	quarum deren, von welchen	quorum deren, von welchen
	Dativ	quibus welchen	quibus welchen	quibus welchen
	Akkusativ	quos welche	quas welche	quae welche
	Ablativ	quibus durch welche	quibus durch welche	quibus durch welche

Zusammengesetzte Pronomen

Pronomen	Präfix/Suffix	Form	Übersetzung
qui	ali-	ali-qui[1]	irgendein
	-cumque	qui-cumque	welcher auch immer
	-dam	qui-dam	ein gewisser
	-vis	qui-vis	jeder
quis	ali-	ali-quis	irgendwer
	-quis	quis-quis	wer auch immer
	-quam	quis-quam	irgendwer
	-que	quis-que	jeder
	-piam	quispiam	irgendwer
quid	ali-	ali-quid	irgendwas
	-quid	quicquid (aus: quid-quid)	was auch immer
	-quam	quicquam (aus quid-quam)	irgendwas

1   Nominativ Feminum Singular: aliqua, irgendeine

idem, eadem, idem

Numerus	Kasus	♂	♀	n
Singular	Nominativ	īdem derselbe	eadem dieselbe	idem dasselbe
	Genitiv	eiusdem desselben / von demselben	eiusdem derselben / von derselben	eiusdem desselben / von demselben
	Dativ	eidem demselben	eidem derselben	eidem demselben
	Akkusativ	eundem denselben	eandem dieselbe	idem dasselbe
	Ablativ	eodem durch denselben	eādem durch dieselbe	eodem durch denselben
Plural	Nominativ	iidem/eidem/īdem dieselben	eaedem dieselben	eadem dieselben
	Genitiv	eorundem derselben / von denselben	earundem derselben	eorundem derselben
	Dativ	eīsdem/īsdem denselben	eīsdem/īsdem denselben	eīsdem/īsdem denselben
	Akkusativ	eōsdem dieselben	eāsdem dieselben	eadem dieselben
	Ablativ	eīsdem/īsdem durch dieselben	eīsdem/īsdem durch dieselben	eīsdem/īsdem durch dieselben

ipse, ipsa, ipsum

Numerus	Kasus	♂	♀	n
Singular	Nominativ	ipse er selbst	ipsa sie selbst	ipsum es selbst
	Genitiv	ipsīus von ihm selbst	ipsīus von ihr selbst	ipsīus von ihm selbst
	Dativ	ipsi ihm selbst	ipsi ihr selbst	ipsi ihm selbst
	Akkusativ	ipsum ihn selbst	ipsam sie selbst	ipsum es selbst
	Ablativ	ipso durch ihn selbst	ipsā durch sie selbst	ipso durch es selbst
Plural	Nominativ	ipsi sie selbst	ipsae sie selbst	ipsa sie selbst
	Genitiv	ipsōrum von ihnen selbst	ipsārum von ihnen selbst	ipsōrum von ihnen selbst
	Dativ	ipsīs ihnen selbst	ipsīs ihnen selbst	ipsīs ihnen selbst
	Akkusativ	ipsōs sie selbst	ipsās sie selbst	ipsa sie selbst
	Ablativ	ipsīs durch sie selbst	ipsīs durch sie selbst	ipsīs durch sie selbst

Die Possessivpronomen im Singular

Nume-rus	Kasus	1. Person			2. Person			3. Person		
		♂	♀	n	♂	♀	n	♂	♀	n
Singular	Nominativ	meus mein	mea meine	meum mein	tuus dein	tua deine	tuum dein	suus sein/ihr	sua seine/ihre	suum sein/ihr
	Genitiv	mei von meinem	meae von meiner	mei von meinem	tui von deinem	tuae von deiner	tui von deinem	sui von seinem/ ihrem	suae von seiner/ ihrer	sui von seinem/ ihrem
	Dativ	meo meinem	meae meiner	meo meinem	tuo deinem	tuae deiner	tuo deinem	suo seinem/ihrem	suae seiner/ihrer	suo seinem/ihrem
	Akkusativ	meum mein	meam meine	meum mein	tuum dein	tuam deine	tuum dein	suum sein/ihr	suam seine/ihre	suum sein/ihr
	Ablativ	meo durch mein	meā durch meine	meo durch mein	tuo durch dein	tuā durch deine	tuo durch dein	suo durch sein/ihr	suā durch seine/ihre	suo durch sein/ihr
Plural	Nominativ	mei meine	meae meine	mea meine	tui deine	tuae deine	tua deine	sui seine/ihre	suae seine/ihre	sua seine/ihre
	Genitiv	meōrum von meinen	meārum von meinen	meōrum von meinen	tuōrum von deinen	tuārum von deinen	tuōrum von deinen	suōrum von seinen/ ihren	suārum von seinen/ ihren	suōrum von seinen/ ihren
	Dativ	meīs meinen	meīs meinen	meīs meinen	tuīs deinen	tuīs deinen	tuīs deinen	suīs seinen/ihren	suīs seinen/ihren	suīs seinen/ihren
	Akkusativ	meōs meine	meās meine	mea meine	tuōs deine	tuās deine	tua deine	suōs seine/ihre	suās seine/ihre	sua seine/ihre
	Ablativ	meīs durch meine	meīs durch meine	meīs durch meine	tuīs durch deine	tuīs durch deine	tuīs durch deine	suīs durch seine/ ihre	suīs durch seine/ihre	suīs durch seine/ihre

Die Possessivpronomen im Plural

Nume-rus	Kasus	1. Person			2. Person			3. Person		
		♂	♀	n	♂	♀	n	♂	♀	n
Singular	Nominativ	noster unser	nostra unsere	nostrum unser	vester euer	vestra eure	vestrum euer	suus ihr	sua ihre	suum ihr
	Genitiv	nostri von uns	nostrae von uns	nostri von uns	vestri von euch	vestrae von euch	vestri von euch	sui ihres/von ihnen	suae ihrer/von ihnen	sui ihres/von ihnen
	Dativ	nostro unserem	nostrae unserer	nostro unserem	vestro eurem	vestrae eurer	vestro eurem	suo ihrem	suae ihrem	suo ihrem
	Akkusativ	nostrum unser	nostram unsere	nostrum unser	vestrum euer	vestram eure	vestrum euer	suum ihr	suam ihr	suum ihr
	Ablativ	nostro durch unser	nostrā durch unsere	nostro durch unser	vestro durch euer	vestrā durch eure	vestro durch euer	suo durch ihr	suā durch ihre	suo durch ihr
Plural	Nominativ	nostri unsere	nostrae unsere	nostra unsere	vestri eure	vestrae eure	vestra eure	sui ihre	suae ihre	sua ihre
	Genitiv	nostrōrum von uns	nostrārum von uns	nostrōrum von uns meinen	vestrōrum von euch	vestrārum von euch	vestrōrum von euch	suōrum ihrer/von ihnen	suārum ihrer/von ihnen	suōrum ihrer/von ihnen
	Dativ	nostrīs unseren	nostrīs unseren	nostrīs unseren	vestrīs euren	vestrīs euren	vestrīs euren	suīs ihren	suīs ihren	suīs ihren
	Akkusativ	nostrōs unsere	nostrās unsere	nostra unsere	vestrōs eure	vestrās eure	vestra eure	suōs ihre	suās ihre	sua ihre
	Ablativ	nostrīs durch unsere	nostrīs durch unsere	nostrīs durch unsere	vestrīs durch eure	vestrīs durch eure	vestrīs durch eure	suīs durch ihre	suīs durch ihre	suīs durch ihre

Merke außerdem: Im Plural können die Possessivpronomen substantiviert werden:
mei, die Meinen, meine Leute; tui, die Deinen, deine Leute; sui, die Seinen/Ihren, seine/ihre Leute; nostri, die Unseren, unsere Leute; vestri, die Euren, eure Leute

Suffixe und Endungen des Komparativs

Nume-rus	Kasus	Suffix + Endung			Adjektiv-Stamm: clar(o)-		
		♂	♀	n	♂	♀	n
Singu-lar	Nominativ	-ior	-ior	-ius	clarior der berühmtere	clarior die berühmtere	clarius das berühmtere
	Genitiv	-ior-is	-ior-is	-ior-is	clarioris des berühmteren	clarioris der berühmteren	clarioris des berühmteren
	Dativ	-ior-i	-ior-i	-ior-i	clariori dem berühmteren	clariori der berühmteren	clariori dem berühmteren
	Akkusativ	-ior-em	-ior-em	-ius	clariorem den berühmteren	clariorem die berühmtere	clarius das berühmtere
	Ablativ	-ior-e	-ior-e	-ior-e	clariore durch den berühmteren	clariore durch die berühmtere	clariore durch das berühmtere
Plural	Nominativ	-ior-es	-ior-es	-ior-a	clariores die berühmteren	clariores die berühmteren	clariora die berühmteren
	Genitiv	-ior-um	-ior-um	-ior-um	clariorum der berühmteren	clariorum der berühmteren	clariorum der berühmteren
	Dativ	-ior-ibus	-ior-ibus	-ior-ibus	clarioribus den berühmteren	clarioribus den berühmteren	clarioribus den berühmteren
	Akkusativ	-ior-es	-ior-es	-ior-a	clariores die berühmteren	clariores die berühmteren	clariora die berühmteren
	Ablativ	-ior-ibus	-ior-ibus	-ior-ibus	clarioribus durch die berühmteren	clarioribus durch die berühmteren	clarioribus durch die berühmteren

Suffixe und Endungen des Superlativs/Elativs

Numerus	Kasus	Suffix + Endung			Adjektiv-Stamm: clar(o)-		
		♂	♀	n	♂	♀	n
Singular	Nominativ	-issim-us	-issim-a	-issim-um	clarissimus der berühmteste	clarissima die berühmteste	clarissimum das berühmteste
	Genitiv	-issim-i	-issim-ae	-issim-i	clarissimi des berühmtesten	clarissimae der berühmtesten	clarissimi des berühmtesten
	Dativ	-issim-o	-issim-ae	-issim-o	clarissimo dem berühmtesten	clarissimae der berühmtesten	clarissimo dem berühmtesten
	Akkusativ	-issim-um	-issim-am	-issim-um	clarissimum den berühmtesten	clarissimam die berühmteste	clarissimum das berühmteste
	Ablativ	-issim-o	-issim-ā	-issim-o	clarissimo durch den berühmtesten	clarissimā durch die berühmteste	clarissimo durch das berühmteste
Plural	Nominativ	-issim-i	-issim-ae	-issim-a	clarissimi die berühmtesten	clarissimae die berühmtesten	clarissima die berühmtesten
	Genitiv	-issim-orum	-issim-arum	-issim-orum	clarissimorum der berühmtesten	clarissimarum der berühmtesten	clarissimorum der berühmtesten
	Dativ	-issim-īs	-issim-īs	-issim-īs	clarissimīs den berühmtesten	clarissimīs den berühmtesten	clarissimīs den berühmtesten
	Akkusativ	-issim-ōs	-issim-ās	-issim-a	clarissimōs die berühmtesten	clarissimās die berühmtesten	clarissima die berühmtesten
	Ablativ	-issim-īs	-issim-īs	-issim-īs	clarissimīs durch die berühmtesten	clarissimīs durch die berühmtesten	clarissimīs durch die berühmtesten

maior und *maximus* von *magnus, groß*

Numerus	Kasus	♂		♀		n	
		Komparativ	Elativ/Super-lativ	Komparativ	Elativ/Super-lativ	Komparativ	Elativ/Super-lativ
Singular	Nominativ	maior der größere	maximus der größte	maior die größere	maxima die größte	maius das größere	maximum das größte
	Genitiv	maioris des größeren	maximi des größten	maioris der größeren	maximae der größten	maioris des größeren	maximi des größten
	Dativ	maiori dem größeren	maximo dem größten	maiori der größeren	maximae der größten	maiori dem größeren	maximo dem größten
	Akkusativ	maiorem den größeren	maximum den größten	maiorem die größere	maximam die größte	maius das größere	maximum das größte
	Ablativ	maiore durch den grö-ßeren	maximo durch den größten	maiore durch die größere	maximā durch die größte	maiore durch das größere	maximo durch das größte
Plural	Nominativ	maiores die größeren	maximi die größten	maiores die größeren	maximae die größten	maiora die größeren	maxima die größten
	Genitiv	maiorum der größeren	maximorum der größten	maiorum der größeren	maximarum der größten	maiorum der größeren	maximorum der größten
	Dativ	maioribus den größeren	maximīs den größten	maioribus den größeren	maximīs den größten	maioribus den größeren	maximīs den größten
	Akkusativ	maiores die größeren	maximōs die größten	maiores die größeren	maximās die größten	maiora die größeren	maxima die größten
	Ablativ	maioribus durch die größeren	maximīs durch die größten	maioribus durch die größeren	maximīs durch die größten	maioribus durch die größeren	maximīs durch die größten

minor und *minimus* von *parvus, wenig, klein*

Numerus	Kasus	♂		♀		n	
		Komparativ	Superlativ	Komparativ	Superlativ	Komparativ	Superlativ
Singular	Nominativ	minor der kleinere	minimus der kleinste	minor die kleinere	minima die kleinste	minus das kleinere	minimum das kleinste
	Genitiv	minoris des kleineren	minimi des kleinsten	minoris der kleineren	minimae der kleinsten	minoris des kleineren	minimi des kleinsten
	Dativ	minori dem kleineren	minimo dem kleinsten	minori der kleineren	minimae der kleinsten	minori dem kleineren	minimo dem kleinsten
	Akkusativ	minorem den kleineren	minimum den kleinsten	minorem die kleinere	minimam die kleinste	minus das kleinere	minimum das kleinste
	Ablativ	minore durch den kleineren	minimo durch den kleinsten	minore durch die kleinere	minimā durch die kleinste	minore durch das klei-nere	minimo durch den kleinsten
Plural	Nominativ	minores die kleineren	minimi die kleinsten	minores die kleineren	minimae die kleinsten	minora die kleineren	minima die kleinsten
	Genitiv	minorum der kleineren	minimorum der kleinsten	minorum der kleineren	minimarum der kleinsten	minorum der kleineren	minimorum der kleinsten
	Dativ	minoribus den kleineren	minimīs den kleinsten	minoribus den kleineren	minimīs den kleinsten	minoribus den kleineren	minimīs den kleinsten
	Akkusativ	minores die kleineren	minimōs die kleinsten	minores die kleineren	minimās die kleinsten	minora die kleineren	minima die kleinsten
	Ablativ	minoribus durch die kleineren	minimīs durch die kleinsten	minoribus durch die kleineren	minimīs durch die kleinsten	minoribus durch die kleineren	minimīs durch die kleinsten

melior und optimus von bonus, gut

Numerus	Kasus	♂		♀		n	
		Komparativ	**Superlativ**	**Komparativ**	**Superlativ**	**Komparativ**	**Superlativ**
Singular	Nominativ	melior der bessere	optimus der beste	melior die bessere	optima die beste	melius das bessere	optimum das beste
	Genitiv	melioris des besseren	optimi des besten	melioris der besseren	optimae der besten	melioris des besseren	optimi des besten
	Dativ	meliori dem besseren	optimo dem besten	meliori der besseren	optimae der besten	meliori dem besseren	optimo dem besten
	Akkusativ	meliorem den besseren	optimum den besten	meliorem die bessere	optimam die beste	melius das bessere	optimum das beste
	Ablativ	meliore durch den besseren	optimo durch den besten	meliore durch die bessere	optimā durch die beste	meliore durch das bessere	optimo durch das beste
Plural	Nominativ	meliores die besseren	optimi die besten	meliores die besseren	optimae die besten	meliora die besseren	optima die besten
	Genitiv	meliorum der besseren	optimorum der besten	meliorum der besseren	optimarum der besten	meliorum der besseren	optimarum der besten
	Dativ	melioribus den besseren	optimīs den besten	melioribus den besseren	optimīs den besten	melioribus den besseren	optimīs den besten
	Akkusativ	meliores die besseren	optimōs die besten	meliores die besseren	optimās die besten	meliora die besseren	optima die besten
	Ablativ	melioribus durch die besseren	optimīs durch die besten	melioribus durch die besseren	optimīs durch die besten	melioribus durch die besseren	optimīs durch die besten

plus und plurimum, plures und plurimi von multus, viel

Numerus	Kasus	♂		♀		n	
		Komparativ	**Superlativ**	**Komparativ**	**Superlativ**	**Komparativ**	**Superlativ**
Singular	Nominativ	-	-	-	-	plus mehr	plurimum das meiste
	Genitiv	-	-	-	-	pluris teurer, mehr wert	plurimi des meisten, sehr teuer
	Dativ	-	-	-	-	-	plurimo dem meisten
	Akkusativ	-	-	-	-	plus mehr	plurimum am meisten
	Ablativ	-	-	-	-	-	plurimo durch das meiste, sehr teuer
Plural	Nominativ	plures mehrere	plurimi die meisten	plures mehrere	plurimae die meisten	plura mehrere (Dinge)	plurima die meisten
	Genitiv	plurium mehrerer	plurimorum der meisten	plurium mehrerer	plurimarum der meisten	plurium mehrerer	plurimorum der meisten
	Dativ	pluribus mehreren	plurimīs den meisten	pluribus mehreren	plurimīs den meisten	pluribus mehreren	plurimīs den meisten
	Akkusativ	plures mehrere	plurimōs die meisten	plures mehrere	plurimās die meisten	plura mehrere (Dinge)	plurima die meisten
	Ablativ	pluribus durch mehrere	plurimīs durch die meisten	pluribus durch mehrere	plurimīs durch die meisten	pluribus durch mehrere	plurimīs durch die meisten

Beispiele regelmäßiger Adverbbildung

Deklina-tion	Positiv		Komparativ		Superlativ	
	Adjektiv	**Adverb**	**Adjektiv**	**Adverb**	**Adjektiv**	**Adverb**
a-/o-	longus der lange	longē lang	longior der längere	longius länger	longissimus der längste	longissimē am längsten
	latus der weite	latē weit	latior der weitere	latius weiter	latissimus der weiteste	latissimē am weitesten
	clarus der berühmte	clarē berühmt	clarior der berühmtere	clarius berühmter	clarissimus der berühmteste	clarissimē am berühmtesten
	honestus der aufrichtige	honestē aufrichtig	honestior der aufrichtigere	honestius aufrichtiger	honestissimus der aufrichtigste	honestissimē am aufrichtigsten
	doctus der gelehrte	doctē gelehrt	doctior der gelehrtere	doctius gelehrter	doctissimus der gelehrteste	doctissimē am gelehrtesten
3.	acer der heftige	acriter heftig	acrior der heftigere	acrius heftiger	acerrimus der heftigste	acerrimē am heftigsten
	audax der brutale	audacter brutal	audacior der brutalere	audacius brutaler	audacissimus der brutalste	audacissimē am brutalsten
	gravis der schwere	graviter schwer	gravior der schwerere	gravius schwerer	gravissimus der schwerste	gravissimē am schwersten
	sapiens der weise	sapienter weise	sapientior der weisere	sapientius weiser	sapientissimus der weiseste	sapientissimē am weisesten
	constans der beständige	constanter beständig	constantior der beständigere	constantius beständiger	constantissimus der beständigste	constantissimē am beständigsten

Verbaladjektive

Suffixe und Endungen des PPA

Numerus	Kasus	Suffix + Endung			Beispiel: Stamm audi- hören		
		♂	♀	n	♂	♀	n
Singular	Nominativ	-ns	-ns	-ns	audiens der hörende	audiens die hörende	audiens das hörende
	Genitiv	-nt-is	-nt-is	-nt-is	audientis des hörenden	audientis der hörenden	audientis des hörenden
	Dativ	-nt-i	-nt-i	-nt-i	audienti dem hörenden	audienti der hörenden	audienti dem hörenden
	Akkusativ	-nt-em	nt-em	-ns	audientem den hörenden	audientem die hörende	audiens das hörende
	Ablativ	-nt-i / -nt-e	-nt-i / -nt-e	-nt-i / -nt-e	audienti/audiente durch den hörenden	audienti/audiente durch die hörende	audienti/audiente durch das hörende
Plural	Nominativ	-nt-es	-nt-es	-nt-ia	audientes die hörenden	audientes die hörenden	audientia die hörenden
	Genitiv	-nt-ium	-nt-ium	-nt-ium	audientium der hörenden	audientium der hörenden	audientium der hörenden
	Dativ	-nt-ibus	-nt-ibus	-nt-ibus	audientibus den hörenden	audientibus den hörenden	audientibus den hörenden
	Akkusativ	-nt-īs / -nt-es	-nt-īs / -nt-es	-nt-ia	audientīs/audientes die hörenden	audientīs/audientes die hörenden	audientia die hörenden
	Ablativ	-nt-ibus	-nt-ibus	-nt-ibus	audientibus durch die hörenden	audientibus durch die hörenden	audientibus durch die hörenden

Suffixe und Endungen des PPP

Numerus	Kasus	PPP-Stamm fac-t-		
		♂	♀	n
Singular	Nominativ	factus der gemachte	facta die gemachte	factum das gemachte
	Genitiv	facti des gemachten	factae der gemachten	facti des gemachten
	Dativ	facto dem gemachten	factae der gemachten	facto dem gemachten
	Akkusativ	factum den gemachten	factam die gemachte	factum das gemachte
	Ablativ	facto durch den gemachten	factā durch die gemachte	facto durch das gemachte
Plural	Nominativ	facti die gemachten	factae die gemachten	facta die gemachten
	Genitiv	factorum der gemachten	factarum der gemachten	factorum der gemachten
	Dativ	factīs den gemachten	factīs den gemachten	factīs den gemachten
	Akkusativ	factōs die gemachten	factās die gemachten	facta die gemachten
	Ablativ	factīs durch die gemachten	factīs durch die gemachten	factīs durch die gemachten

Numerus	Kasus	PPP-Stamm vi-s-		
		♂	♀	n
Singular	Nominativ	visus der gesehene	visa die gesehene	visum das gesehene
	Genitiv	visi des gesehenen	visae der gesehenen	visi des gesehenen
	Dativ	viso dem gesehenen	visae der gesehenen	viso dem gesehenen
	Akkusativ	visum den gesehenen	visam die gesehene	visum das gesehene
	Ablativ	viso durch den gesehenen	visā durch die gesehene	viso durch das gesehene
Plural	Nominativ	visi die gesehenen	visae die gesehenen	visa die gesehenen
	Genitiv	visorum der gesehenen	visarum der gesehenen	visorum der gesehenen
	Dativ	visīs den gesehenen	visīs den gesehenen	visīs den gesehenen
	Akkusativ	visōs die gesehenen	visās die gesehenen	visa die gesehenen
	Ablativ	visīs die gesehenen	visīs die gesehenen	visīs die gesehenen

Suffixe und Endungen des PFA

Numerus	Kasus	Suffix + Endung			Stamm fu- sein		
		♂	♀	n	♂	♀	n
Singular	Nominativ	t-ur-us	t-ur-a	t-ur-um	futurus der zukünftige	futura die zukünftige	futurum das zukünftige
	Genitiv	t-ur-i	t-ur-ae	t-ur-i	futuri des zukünftigen	futurae der zukünftigen	futuri des zukünftigen
	Dativ	t-ur-o	t-ur-ae	t-ur-o	futuro dem zukünftigen	futurae der zukünftigen	futuro dem zukünftigen
	Akkusativ	t-ur-um	t-ur-am	t-ur-um	futurum den zukünftigen	futuram die zukünftige	futurum das zukünftige
	Ablativ	t-ur-o	t-ur-ā	t-ur-o	futuro durch das zukünftige	futurā durch die zukünftige	futuro durch das zukünftige
Plural	Nominativ	t-ur-i	t-ur-ae	t-ur-a	futuri die zukünftigen	futurae die zukünftigen	futura die zukünftigen
	Genitiv	t-ur-orum	t-ur-arum	t-ur-orum	futurorum der zukünftigen	futurarum der zukünftigen	futurorum der zukünftigen
	Dativ	t-ur-īs	t-ur-īs	t-ur-īs	futurīs den zukünftigen	futurīs den zukünftigen	futurīs den zukünftigen
	Akkusativ	t-ur-ōs	t-ur-ās	t-ur-a	futurōs die zukünftigen	futurās die zukünftigen	futura die zukünftigen
	Ablativ	t-ur-īs	t-ur-īs	t-ur-īs	futurīs durch die zukünftigen	futurīs durch die zukünftigen	futurīs durch die zukünftigen

Suffixe und Endungen des passiven Notwendigkeitspartizips auf -nd (Gerundivum)

Numerus	Kasus	Suffix + Endung			Stamm: faci- (das e ist ein regelabweichender Bindevokal)		
		♂	♀	n	♂	♀	n
Singular	Nominativ	-nd-us	nd-a	nd-um	faciendus der zu machende	facienda die zu machende	faciendum das zu machende
	Genitiv	-nd-i	nd-ae	nd-i	faciendi des zu machenden	faciendae der zu machenden	faciendi des zu machenden
	Dativ	-	-	-	-	-	-
	Akkusativ	nd-um	nd-am	nd-um	faciendum den zu machenden	faciendam die zu machende	faciendum das zu machende
	Ablativ	nd-o	nd-ā	nd-o	faciendo durch den zu machenden	faciendā durch die zu machende	faciendo durch das zu machende
Plural	Nominativ	nd-i	nd-ae	nd-a	faciendi die zu machenden	faciendae die zu machenden	facienda die zu machenden
	Genitiv	nd-orum	nd-arum	nd-orum	faciendorum der zu machenden	faciendarum der zu machenden	faciendorum der zu machenden
	Dativ	-	-	-	-	-	-
	Akkusativ	nd-ōs	nd-ās	nd-a	faciendōs die zu machenden	faciendās die zu machenden	facienda die zu machenden
	Ablativ	nd-īs	nd-īs	nd-īs	faciendīs durch die zu machenden	faciendīs durch die zu machenden	faciendīs durch die zu machenden

Stichwortverzeichnis Lehr- und Übungsbuch

Lateinische Wörter sind kursiv gesetzt.

Altklausuren – Plinius, Seneca, Livius

Juli Nienaber
Latinum für Studenten
Altklausuren und Übungstexte
mit Übersetzung und Kommentar
Plinius, Seneca, Livius
Ca. 160 Seiten, ca. 18 EUR, ISBN 3-89657-844-8,
erscheint ca. 7/2014

Angelehnt an das bewährte «Latinum für Studenten» von Christoph Kuhn, das auf Cicero, Caesar und Sallust ausgelegt ist, bietet dieses Buch eine ideale Prüfungsvorbereitung zu den Autoren Plinius, Seneca und Livius. Auch sie sind an diversen Universitäten seit Jahren fester Gegenstand in Latinumsprüfungen.

Latinumsanwärter, die die Grammatik grundlegend beherrschen, können mit diesem Werk das Übersetzen selbstständig trainieren und sich so an den Stil der Autoren gewöhnen. Im Unterschied zu den meist freien Musterübersetzungen, die zur Kontrolle der eigenen Übersetzung unbrauchbar sind, bietet es mit detaillierten Kommentaren und grammatischen Erläuterungen die Möglichkeit, den Lösungsweg nachzuvollziehen sowie die richtige Übersetzungstaktik und Herangehensweise an einen lateinischen Satz zu erlernen.

So können Studenten Fehler in der eigenen Übersetzung aufspüren und erkennen, an welchen Stellen es noch hakt. Jeder Satz wird in seine Kleinteile zerlegt, grammatische Phänomene und autorenspezifische Besonderheiten ausführlich erklärt. Die Studenten werden auf schwierige Textpassagen aufmerksam gemacht und erlernen, Stolpersteine erfolgreich zu umgehen.

Auf diese Weise ermöglicht «Latinum für Studenten» eine ideale Vorbereitung auf die schriftliche und mündliche Prüfung. Über Stolpersteine, über die schon jemand gefallen ist, braucht kein anderer mehr stürzen – man muss nur wissen, wo sie liegen.

www.schmetterling-verlag.de